David Houdret

Complètement Tour

VivaCité
Renaissance du Livre RL

Crédits Photos

La plupart des photos nous ont été envoyées par les personnes interrogées dans ce livre (tous droits réservés), à l'exception de © Phil Crow / Alamy Stock Photo, p. 10 ; © Franck Villano, p. 34 ; © Filip Bossuyt, p. 76 ; © Ludovic Péron, p. 122 ; © Frédéric Ansion, p. 130.

Renaissance du Livre

Avenue du Château Jaco, 1 – 1410 Waterloo
www.renaissancedulivre.be
Renaissance du Livre
@editionsrl

Complètement Tour
Couverture et mise en pages : Philippe Dieu (Extra Bold)
Imprimé dans l'Union européenne

ISBN : 9782507056377
DÉPÔT LÉGAL : D/2019/12.763/14

LA PAROLE AUX SUPPORTERS

Entré à la RTBF en 1997 comme assistant radio auprès d'Adrien Joveneau, **David Houdret** est non seulement à la barre de *Complètement Foot* depuis dix ans, mais anime aussi *Complètement Tour*, une émission qui connaîtra cette année sa troisième édition.

D'abord Tintin reporter pour *Grandeur Nature*, assistant à vélo pour *Le Beau Vélo de RAVeL* et animateur remplaçant pour *Les Belges du Bout du Monde*, David est présent au lancement de Vivacité en 2004. Ensuite, sa passion pour tous les sports emporte tout et il anime depuis les émissions radio *VivaSport*, *Complètement Foot* et *Complètement Tour*. Débordant d'idées interactives, il invente aussi les concepts « En 1 seul mot », « Diablement Foot », « Complètement belge » ou les « Top 3 Complètement Foot » !

David Houdret

Petite sœur de *Complètement Foot*, l'émission radio *Complètement Tour* va vivre une formidable édition à l'occasion du Tour de France 2019 dont le Grand Départ est donné à Bruxelles !

L'occasion de fêter les 50 ans de la première victoire d'Eddy Merckx, quintuple vainqueur de la Grande Boucle, et aussi les 100 ans du célèbre maillot jaune. Une nouvelle fois, impossible de ne pas donner la parole aux fans du Tour de France, aux fans d'Eddy, aux fans de cyclisme et aux fans de vélo.

En République française ou au royaume de Belgique, la « petite reine » dévore de passion les amoureux du « vélo », anagramme de « love » !

Bonne lecture…

TABLE DES MATIÈRES

JUILLET

01

Départ du premier Tour de France (1903)

Premier maillot jaune de Jacques Anquetil (1957)

02

Anniversaire de Walter Godefroot (1943) ; maillot vert en 1970

03

04

09

Anniversaire de Federico Bahamontes (1928) ; maillot jaune en 1959, maillot à pois en 1954, 1958, 1959, 1962, 1963 et 1964

10

11

Dernier maillot jaune d'Eddy Merckx (1975)

12

17

18

Arrivée du premier Tour de France ; victoire de Maurice Garin (1903)

Anniversaire de Gino Bartali (1914) ; maillot jaune et à pois en 1938 et 1948

19

Premier maillot jaune de l'histoire pour Eugène Christophe (1919)

20

Première arrivée aux Champs Élysées ; victoire de Walter Godefroot (1975)

Première victoire finale d'Eddy Merckx (1969)

25

26

Anniversaire d'Aurelio González Puente (1940) ; maillot à pois en 1968

27

28

Anniversaire de Rik Van Linden (1949) ; maillot vert en 1975

05

06

Anniversaire de René Le Grevès (1910) ; 16 victoires d'étape

Premier maillot jaune de Christopher Froome (2013)

07

Anniversaire d'Erik Zabel (1970) ; maillot vert de 1996 à 2001

08

13

14

Anniversaire d'Odile Defraye (1888) ; vainqueur du Tour en 1912

Dernier maillot jaune de Jacques Anquetil (1964)

15

16

Anniversaire de Miguel Indurain (1964) ; maillot jaune de 1991 à 1995

21

Première arrivée au vélodrome municipal de Vincennes (1968)

Premier maillot jaune de Bernard Hinault (1978)

22

Anniversaire de Giovanni Battaglin (1951) ; maillot à pois en 1979

23

Dernière arrivée au Parc des Princes ; victoire de Raymond Poulidor (1967)

24

Anniversaire de Ferdi Kübler (1919) ; maillot jaune en 1950, maillot vert en 1954

29

30

Journée internationale de l'amitié

31

Philippe Gilbert

Coureur cycliste professionnel (Deceuninck-Quick Step) – 05.07.1982

À quoi ressemblait votre tout premier vélo ?
C'était un petit BMX bleu. Je l'ai toujours, d'ailleurs ! Il n'avait pas de marque particulière, mais je l'ai gardé en souvenir. Il est passé entre les mains de différents enfants de la famille, il a été un peu abîmé avec les années, mais je l'ai récupéré. Comme quoi, un vélo, ça se recycle toujours.

Comment décririez-vous le Tour de France ?
Quand on voit ça de l'extérieur, c'est une grosse machine. Mais c'est aussi un peu la fête, des gens heureux… Pour un coureur, cela reste un sacré morceau ; ces trois semaines sont difficiles et ponctuées de beaux challenges.

Quel est votre meilleur souvenir du Tour de France ?
Je crois que c'est ma victoire d'étape en 2011, quand j'ai porté le maillot jaune, même si j'ai vécu encore pas mal de bons moments par après.

Certaines étapes vous ont-elles particulièrement marquées ?
Oui, il y a eu notamment l'étape de Roubaix il y a deux ans, avec la pluie etc., que Baum a gagné devant Nibali. Après, j'apprécie particulièrement les étapes où ça bataille vraiment. Après la montagne, je trouve ça moins spectaculaire, même si ça reste sympa. En montagne, quand on connaît un peu la qualité des coureurs, on sait souvent comment ça va se passer. Les autres étapes sont parfois plus chouettes à regarder, parce qu'il y a beaucoup plus d'acteurs et de coureurs candidats à la victoire.

Que représente Eddy Merckx à vos yeux ?
Eddy Merckx, c'est le modèle de nombreuses personnes, de nombreuses générations même. Il a vraiment inspiré des millions de personnes et je pense qu'il continue à le faire. Il existe malheureusement peu d'images d'archives qui le représentent en action, mais le peu qu'on voit nous confirme qu'il était capable d'exploits impressionnants.

Comment définiriez-vous le vélo ?
Le vélo, c'est du plaisir, sans doute parce qu'il procure un grand sentiment de liberté. Quand, gamin, on reçoit son premier vélo, on peut commencer à quitter le quartier et à explorer des zones inconnues. On commence par des tours autour de la maison, puis on s'éloigne petit à petit. Même aujourd'hui, quand je suis en stage, j'éprouve encore du plaisir à prendre mon vélo le jour de repos pour aller visiter des endroits sympas ou monter une côte pour découvrir un joli panorama.

LES FAVORIS

Coureur belge

— Eddy Merckx. J'ai le bonheur de connaître Eddy et de le côtoyer, même si j'aimerais le voir plus souvent. Il n'est jamais avare d'anecdotes et aime bien raconter ses exploits. C'est toujours intéressant de les entendre venant de sa bouche.

Coureur étranger

— À l'époque, j'aimais bien regarder Indurain. C'était un coureur assez atypique, il pesait presque 80 kg et montait avec les meilleurs grimpeurs de 50 kg, qu'il écrasait ensuite dans les contre-la-montre. Il mettait parfois de trois à quatre minutes au deuxième, c'était impressionnant...

Maillot distinctif

— Malheureusement, il n'existe plus, c'était le maillot de la coupe du monde que je n'ai jamais eu le bonheur de porter. Ça a toujours été mon rêve. J'espère qu'il reviendra un jour...

TOP 3

Les maillots que vous avez portés et que vous préférez ?

1. **Le maillot de la Française des jeux :** il était très classe, très simple.
2. **Le maillot BMC :** il était beau aussi. BMC était le sponsor principal. Trois lettres, c'est un peu plus facile pour le graphiste. Il y avait quand même quatre ou cinq autres sponsors sur le maillot, mais il était assez discret.
3. **Le maillot Quick Step évidemment !** Même s'il évolue chaque année, il reste très sobre. J'aime les maillots sobres. Quand je courais avec Lotto, je trouve que le maillot faisait un peu trop affiche publicitaire.

« En 1 seul mot », le cyclisme pour vous, c'est______?

PASSION

Philippe Tibesar

Musée du cycle de Weyler à Arlon – 11.07.1951

À quoi ressemblait votre tout premier vélo ?
Étant le deuxième garçon de la famille, j'ai récupéré le tricycle de mon grand frère.

Comment décririez-vous le Tour de France ?
C'est une machine gigantesque avec une médiatisation mondiale qui tue la beauté de la course. De plus en plus de personnes regardent le Tour de France pour ses paysages et non pour la course.

Quel est votre meilleur souvenir du Tour de France ?
Les Tours de France de ma jeunesse. À cette époque, les coureurs avaient la liberté de faire la course. Actuellement, ce sont des robots téléguidés par les directeurs sportifs et leurs compteurs connectés.

Que pensez-vous d'Eddy Merckx ?
C'est le sportif du siècle. Il ne lâchait jamais rien. Pour lui, il n'y avait que la victoire qui comptait, peu importe l'importance de la course. C'était le cannibale. Il faisait le métier depuis le premier jour de la saison jusqu'à la dernière course. C'était un patron dans le peloton.

Que représente le vélo à vos yeux ?
Le vélo, c'est ma passion. C'est un moyen de locomotion extraordinaire, c'est la liberté, la liberté de se déplacer à la bonne vitesse pour visiter un pays. Le vélo offre la possibilité de s'exprimer, c'est une école de vie qui vous forge le caractère…

Quelle a été votre première émotion en lien avec le vélo ?
Pouvoir m'acheter mon premier vélo de course à l'âge de 14 ans avec mes économies, un vélo comme les coureurs que j'avais vu dans la vitrine du marchand de cycles et pouvoir accompagner les grands dans les randonnées.

« En 1 seul mot », le cyclisme pour vous, c'est ______ ?

EXIGEANT

LES FAVORIS

Coureur belge

— Eddy Merckx.

Course

— La Strade Bianche.

Maillot distinctif

— Le maillot jaune.

Maillot d'équipe

— Molteni.

TOP 3

Les plus belles Classiques du printemps ?

1. **Strade Bianche :** une course à l'ancienne.
2. **Paris-Roubaix :** le plus fort gagne toujours.
3. **Tour des Flandres :** la grand-messe pour tous les spectateurs flamands.

Les plus grands vainqueurs du Tour de France ?

1. **Eddy Merckx**
2. **Jacques Anquetil**
3. **Nicolas Frantz**

AOÛT

01 Anniversaire d'Ottavio Bottecchia (1894) ; maillot jaune en 1924 et 1925	**02**	**03** Anniversaire d'Óscar Pereiro (1977) ; maillot jaune en 2006	**04** Anniversaire d'Henri Cornet (1884) ; maillot jaune en 1904
09	**10** **Anniversaires de Romain Maes (1912) ; maillot jaune en 1935**	**11**	**12** Anniversaire de Laurent Fignon (1960) ; maillot blanc en 1983, maillot jaune en 1983 et 1984
17	**18**	**19** **Journée mondiale de la photographie**	**20**
25	**26**	**27** **Anniversaire de Sylvère Maes (1909) ; maillot jaune en 1936 et 1939, maillot à pois en 1939**	**28** Anniversaire de Roger Pingeon (1940) ; maillot jaune en 1967

05

06

07

Anniversaire de Steven Rooks (1960) ; maillot à pois en 1988

08

Journée mondiale du chat

13

14

Anniversaire d'Herman Van Springel (1943) ; maillot vert en 1973

15

16

21

22

23

24

29

Anniversaire de Frank Hoste (1955) ; maillot vert en 1984

30

31

Frédéric Solvel

Social Editor – Vivacité – 14.08.1981

À quoi ressemblait votre tout premier vélo ?
Si j'en crois les albums de famille, mon tout premier vélo était un tricycle tout en métal : tube rouge, « selle » blanche.

À quoi assimilez-vous le Tour de France ?
Pour moi, le Tour de France est indissociable du mois de juillet. Où que tu trouves au mois du juillet, tu suis le Tour. Et si tu as la chance d'être en vacances en France, le plaisir est démultiplié. Tu regardes si le Tour passe près de ton lieu de villégiature ou, mieux, tu le choisis en fonction. Tu commences ta journée en lisant *L'Équipe* et en prenant un malin plaisir à souligner les quelques lignes empreintes de chauvinisme que tu décèles...

Quel est votre meilleur souvenir du Tour de France ?
Juillet 1995. Le Tour faisait une nouvelle fois étape en Belgique et flirtait avec les routes de Liège-Bastogne-Liège. Comme souvent à cette époque, j'étais en vacances avec mes cousins chez mes grands-parents à La Reid, au sommet du col du Maquisard. En attendant les coureurs, nous avons joué au Tour de France en montant et descendant le Maquisard...

Que représente le vélo à vos yeux ?
Le vélo, c'est l'évasion. Rouler pour aller travailler, rouler pour voyager, rouler pour performer : à chaque fois, c'est un voyage, une évasion, des découvertes.

Quelle a été votre première émotion en lien avec le vélo ?
Même si je ne m'en souviens pas, j'imagine aisément la fierté que j'ai dû ressentir le jour où j'ai appuyé fort sur les pédales sans ne plus avoir besoin de stabilisateurs.

Comment définiriez-vous le cyclisme ?
Je pense que le cyclisme est une école de la vie, parce que rouler face au vent, dans le froid, avec un crachin typiquement belge, fait non seulement de toi un Flandrien mais t'endurcit aussi une fois descendu de selle.

« En 1 seul mot », le cyclisme pour vous, c'est______ ?

LÉGENDAIRE

LES FAVORIS

Coureur belge

— Johan Museeuw.

Coureur étranger

— Bernard Hinault.

Course

— Celle qui offre du mouvement et de la stratégie, qui est rythmée de rebondissements et qui se termine avec un vainqueur surprise.

Maillot distinctif

— Le maillot de champion du monde, le seul que je ne me permettrai jamais d'acheter ou de porter. Au moins, je resterai loin de sa soi-disant malédiction...

Maillot d'équipe :

— Mon premier maillot, offert par mon grand-père. J'avais 10 ans, je flottais dedans à un point tel qu'il m'arrive encore de rouler avec vingt-huit ans plus tard. C'était celui de la Lotto du début des années 1990, porté par Criquielion, Museeuw ou Bruyneel. Ses épaules roses, son torse gris et sa base jaune-orangée ont toutefois (très) mal vieilli.

TOP 3

Les plus belles courses ?

1. Impossible de départager la Reine et la Doyenne des classiques. **Paris-Roubaix** pour ses pavés, pour le scénario qui s'enflamme dès Arenberg et pour la clameur qui s'élève du vélodrome. **Liège-Bastogne-Liège** pour la trilogie Wanne-Stockeu-Haute-Levée, pour ses côtes non répertoriées et pour le retour de l'arrivée à Liège.

2. **Le cyclo-cross de Diegem,** parce qu'il fallait du cyclo-cross dans le classement et parce que cette épreuve disputée depuis une dizaine d'années en nocturne résume à elle seule l'esprit de la discipline : une évocation moderne de la kermesse flamande que Brueghel ne renierait pas.

3. **La Race Across America :** quasiment 5 000 km pour rallier la côte ouest à la côte est. Le plat de résistance de l'ultra-endurance cycliste. Paris-Brest, à côté, c'est une mignardise.

Gaëtane Vankerkom

Liège-Bastogne-Liège, ce n'est peut-être pas la plus belle course, mais c'est une immanquable. C'est chez moi !

Journaliste – 14.08.1977

À quoi ressemblait votre tout premier vélo ?
C'était un petit torpédo rouge-orange avec des gros pneus. Je me suis cassé le poignet gauche lors d'une chute quand j'étais en première primaire.

Pourquoi assimilez-vous le cyclisme au printemps ?
Ce ne sont pas les jours qui allongent, les hirondelles ou les bourgeons qui annoncent le retour des beaux jours, c'est le retour de la saison cycliste.

Comment définiriez-vous le Tour de France ?
Le Tour de France, c'est succulent. C'est un des moments de l'année que je préfère. Pas grave s'il pleut, c'est presque tant mieux, pas de scrupule à rester devant la télévision. J'adore les étapes diffusées intégralement. C'est le meilleur moyen de repeindre une pièce ou de bricoler : le vélo, la télévision et moi. Comme pas mal de gens, je suis toujours un peu déprimée au lendemain de la dernière étape.

Quel est votre meilleur souvenir du Tour de France ?
Le Tour de France 2007, que j'ai eu l'occasion de couvrir pour la RTBF radio. Le jour où j'ai appris que j'y allais, j'ai pleuré.

Que représente Eddy Merckx à vos yeux ?
C'est un mythe. Je n'ai jamais vu Eddy Merckx courir forcément. Je n'ai aucun souvenir de lui sportif. Mais c'est une référence. Tu dis juste « Eddy » et tout le monde sait de qui tu parles. Donc, c'est un mythe vivant.

Quelle a été votre première émotion en lien avec le vélo ?
Je ne me souviens pas du premier Liège-Bastogne-Liège auquel mon père, Paul, m'a emmenée. En revanche, mes premières larmes, c'est le contrôle positif de Pedro Delgado au Tour de France. Pour moi, le vélo, c'est une vraie passion. Je ne manque pas les Classiques, même en vacances ou lors de réunions de famille. Mon homme s'est fait une raison. J'adore l'athlétisme, le sport que j'ai pratiqué, mais il n'y a pas la tactique et la dramaturgie du cyclisme. Il y a peu de choses qui me font autant vibrer qu'une bonne course cycliste !

LES FAVORIS

Coureur belge

— J'ai été subjuguée par le charisme de Frank Vandenbroucke, mais dans ma famille on est très fan de Philippe Gilbert. Il vient du même coin que moi. Mes trois filles l'ont toutes encouragé avec cœur avant leurs 2 ans et demi !

Coureur étranger

— Pedro Delgado, sans hésiter. Je l'ai croisé tous les jours sur le Tour 2007 où il était consultant. Il m'a dit que j'étais sa fan n° 1 au monde. Le flatteur !

Maillot distinctif

— Le fameux maillot du classement combiné sur le Tour, attribué au meilleur de tous les classements. Celui du coureur le plus complet. C'était un maillot patchwork très sympa, porté en général par des coureurs qu'on voyait partout.

Maillot d'équipe :

— Le Reynolds de Pedro Delgado reste mon préféré, mais je n'oublierai jamais le kitsch du maillot jeans de Claudio Chiappucci.

TOP 3

Les plus belles expressions du monde du vélo ?

1. Mon expression favorite, c'est « LE » final. En cyclisme, on dit un final et pas une finale. En français, c'est vrai que ça n'a aucun sens, mais c'est comme ça. Ce n'est pas la même chose.

2. J'aime bien aussi « bidon collé », ça veut tout dire. Ces coureurs qui s'aident du bidon qu'on leur tend pour s'accrocher quelques secondes à la voiture, comme s'il n'avait pas le choix.

3. Et puis le maillot « yaune » de Pedro Delgado, qu'on invitait tous les soirs sur les plateaux de télévision rien que pour lui faire prononcer maillot « yaune ». C'était adorable.

« En 1 seul mot », le cyclisme pour vous, c'est_____?

PRINTEMPS

Muriel Vandermeulen

Éditrice en chef de Ellesfontduvelo.com – 16.08.1969

À quoi ressemblait votre tout premier vélo ?

Dans mon souvenir, c'était un petit torpédo rouge à gros pneus, ma meilleure copine.

Quel est votre meilleur souvenir du Tour de France ?

Lorsque Ellesfontduvelo a été invité par Specialized à assister à La course by Le Tour de France en 2015. Cette course, c'est la pugnacité, la rage, la beauté du cyclisme féminin dans toute sa splendeur. Sous une pluie battante, sur un pavé parisien glissant et dangereux, ces femmes n'en démordaient pas. Une très belle manifestation de cyclisme professionnel au féminin. Totalement en contraste avec le show médiatique de l'arrivée du Tour de France masculin.

Que représente Eddy Merckx à vos yeux ?

C'est un peu le papa spirituel de Ellesfontduvelo. Si tant est que le cyclisme féminin ait besoin d'un père spirituel. J'ai eu l'honneur de le rencontrer lors de La course by Le Tour de France et de lui présenter notre projet. Il était très enthousiaste. Eddy Merckx, c'est aussi une certaine culture du cyclisme, du temps où il y avait encore des compétitions féminines dans le cyclisme pro. Enfin, ou peut-être surtout, parce qu'Eddy, c'était l'insatiable, comme les femmes désireuses de faire valoir le vélo au féminin.

Comment décririez-vous le vélo et le cyclisme ?

Le vélo, c'est un moyen de transport, un instrument de liberté et d'émancipation, un médium, un truchement, un mode d'évasion, une arme (r)évolutionnaire. Il rassemble à lui seul une multitude de causes et de croisades : émancipation de la femme, dépassement de soi, voyage et évasion, découverte de l'autre, alternative écologique à la voiture, ressort économique...
Le cyclisme, par contre, c'est un sport, une philosophie, une nécessité. Au niveau personnel, pour garder la forme, l'équilibre mental et physique, pour méditer et philosopher sportivement. Au niveau général, pour promouvoir les sports de pleine nature et le tourisme local à travers des manifestations sportives.

Quelle a été votre première émotion en lien avec le vélo ?

La liberté, le dépassement de soi, l'affranchissement, l'évasion.

LES FAVORIS

Coureur belge ou étranger

— Je n'ai jamais préféré l'un ou l'autre sportif, dans aucun sport. Tennis, cyclisme ou football, je suis bien trop admirative de leur pugnacité à toutes et à tous.

Course

— Je n'en ai pas, sauf peut-être des courses moins classiques et surtout longue, très longue distance. Je suis une grande fan du magazine 200. Donc la Transcontinentale, le Paris-Brest-Paris...

Maillot distinctif

— Le maillot B'Twin Ellesfontduvelo.

Maillot d'équipe

— Le maillot de la team Ellesfontduvelo.

TOP 3

Les plus belles expressions du monde du vélo ?

1. **« À la fraîche »** : le silence, le chant des oiseaux, l'illusion que les voitures ont définitivement déserté la route.
2. **« En danseuse »** : pour le faux état de grâce et surtout de légèreté que cela semble augurer.
3. **« Mordre son guidon »** : parce que le résultat doit faire aussi mal au bide que l'effort aux jambons.

Les plus grandes cyclistes de tous les temps ?

Je n'aime pas créer de palmarès. Toutes les femmes qui osent aujourd'hui briguer le cyclisme pro sont valeureuses et méritent de figurer sur le podium.

« En 1 seul mot », le Tour de France pour vous, c'est_____?

LE TOUR DE FRANCE

Éric Huberland

Comptable – 21.08.1960

À quoi ressemblait votre tout premier vélo ?
C'était un vélo à trois roues qui venait d'une amie de la famille.

Quel est votre meilleur souvenir de Tour de France ?
Lorsque, adolescent, j'écoutais en Afrique le direct à la radio et que j'imaginais les paysages et les coureurs en action.

Que représente Eddy Merckx pour vous ?
Pour moi, Merckx, c'est la Belgique dans le monde. Lorsque j'ai commencé à rouler en cyclo en 1977 au Katanga, les petits Africains couraient à ma rencontre lorsque je traversais les villages et criaient « Eddy Merckx, Eddy Merckx… ».

À quoi associez-vous le vélo et le cyclisme ?
Pour moi, le vélo, c'est la santé. Quand je roulais plusieurs milliers de kilomètres par an, ma condition physique était bien meilleure qu'aujourd'hui… Le cyclisme, lui, je ne peux le dissocier de « Rodaniaaaaa »… Cela incarne les fêtes populaires que représentaient les courses belges auxquelles j'ai assisté.

Quelle a été votre première émotion en lien avec le vélo ?
Ce fut ma première sortie en tant que « vélo loisir » (une bonne quinzaine de kilomètres). J'ai immédiatement su que cela serait mon sport !

LES FAVORIS

Coureur belge

— Freddy Maertens.

Coureur étranger

— Laurent Fignon.

Course

— Paris-Roubaix.

Maillot distinctif

— Le maillot rose du Giro.

Maillot d'équipe

— Les anciens maillots Molteni et Peugeot.

TOP 3

Les plus belles Classiques du printemps ?

1. **Paris-Roubaix :** une course définitivement hors du temps et des modes.
2. **Tour des Flandres :** une culture populaire.
3. **Gand-Wevelgem :** la plus vivante des classiques flandriennes.

Les plus grands vainqueurs du Tour de France ?

1. **Eddy Merckx :** la référence du cyclisme de compétition.
2. **Jacques Anquetil :** l'archétype de l'homme moderne pour son époque.
3. **Fausto Coppi:** une classe venue d'ailleurs.

« En 1 seul mot », le cyclisme pour vous, c'est_____?

SOLEIL

Xavier Leblanc

Policier – 22.08.1982

À quoi ressemblait votre tout premier vélo ?
C'était le vélo de ma maman avec un porte-bagages. Un vélo de dame qui freinait rudement bien et avec lequel je n'arrêtais pas de faire des dérapages « contrôlés » (comme on disait avec mon frère, Philippe !). Le but était d'user le pneu jusqu'au bout !

Comment décririez-vous le Tour de France ?
Si je devais choisir un mot pour le décrire, je choisirais le mot « excitation ». Vu que je suis un amateur de vélo (toutes disciplines confondues), le Tour de France me permet de vivre un moment magique, long de trois semaines, avec l'espoir de trouver des équipes qui me feront vibrer grâce à leurs tactiques ou à leurs forces afin de déjouer tous les pronostics d'avant-Tour. Je souhaite de la bagarre sur le vélo et surtout des victoires belges. L'excitation des victoires et toute la logistique pour pouvoir regarder toutes les étapes en intégralité après le travail : c'est ça le Tour !

Quel est votre meilleur souvenir du Tour de France ?
La victoire de Jelle Vanendert au Plateau de Beille en 2011. Ce jour-là, il a su profiter de la dualité qui régnait entre les favoris pour pouvoir mettre en avant son sens de la course afin de remporter une étape.

Que représente Eddy Merckx pour vous ?
Pour moi, Merckx, c'est la machine par excellence ! Un coureur complet sur tous les terrains qui a quasiment tout gagné et pas qu'une seule fois. Il pouvait enchaîner Classiques et grands Tours sans que le spectateur ait l'impression qu'il avait « souffert » la veille.

Que pensez-vous du cyclisme ?
Je trouve que ce sport a un côté incompréhensible. Que ce soit dans les bons ou les mauvais moments, le cyclisme reste un sport qui divise. À la fois magique, à la fois « désillusion », le cyclisme demande à l'amateur de deux roues de rester toujours objectif, mais aussi de pouvoir regarder tous ces champions (du coéquipier au leader) avec des yeux de gosse remplis d'étoiles lorsque la course commence.

« En 1 seul mot », le vélo pour vous, c'est______?

DU PLAISIR

LES FAVORIS

Coureur belge

— Johan Museeuw.

Coureur étranger

— Miguel Indurain.

Course

— Paris-Roubaix.

Maillot distinctif

— Celui du meilleur jeune sur le Tour de France.

Maillot d'équipe

— Pour le folklore, celui « Acqua & Sapone » de Cipollini (le maillot zébré).

TOP 3

Les plus belles Classiques du printemps ?

1. **Paris-Roubaix :** la course par excellence qui demande de l'exigence et de l'habileté sur tous les tronçons pavés. Entre l'appréhension du bitume et des pavés, le lauréat doit sans cesse compter sur une volonté, une justesse de course et une condition hors-norme pour venir à bout de l'Enfer du Nord. Cette course rythmée présente peu de temps morts.

2. **Tour des Flandres :** une course qui peut démarrer sur les chapeaux de roues assez tôt, mais avec quelque 100 km dans les jambes. Les terres flandriennes peuvent réserver des surprises climatiques ou tout simplement des pavés. Gare à celui qui ne sait pas rester attentif, concentré du début à la fin. Le vainqueur a besoin d'un ou plusieurs lieutenant(s) dévoué(s) à sa cause.

3. **Liège-Bastogne-Liège :** cette classique est longue et dure. Le vainqueur doit faire montre d'un grand sens de la course afin de pouvoir s'économiser pour s'extirper du peloton au moment le plus juste.

Les plus grands vainqueurs du Tour de France ?

1. **Eddy Merckx :** le « cannibale », pour ces cinq victoires dont quatre consécutives. Par tous les temps, sur tous les terrains, Eddy Merckx écrasait ses concurrents avec son panache et sa vélocité. Malgré ses capacités hors-norme, Eddy Merckx n'en restait ni plus ni moins un homme avec ses hauts et ses bas sportifs.

2. **Miguel Indurain,** car il est le premier maillot jaune que j'ai pu voir sur les lacets du col de la Madeleine en 1995. Il reste le seul Espagnol à avoir gagné cinq fois de suite le Tour dans des duels acharnés.

3. **Christopher Froome,** parce qu'il a défrayé la chronique, notamment par sa fréquence de pédalage.

SEPTEMBRE

01

Anniversaire de Franco Bitossi (1940) ; maillot vert en 1968

02

03

Anniversaire de Jacques Esclassan (1948) ; maillot vert en 1977

04

09

Anniversaire de Rodrigo Beenkens

10

11

Anniversaire de Lucien Buysse (1892) ; maillot jaune en 1926

12

Anniversaire de Rafał Majka ; maillot à pois 2014 et 2016

17

18

Anniversaire de Lance Armstrong (1971) ; maillot jaune « destitué » de 1999 à 2005

19

20

Anniversaire de Mariano Martinez (1948) ; maillot à pois en 1978

2

26

Anniversaire de Michael Matthews (1990) ; maillot vert en 2017

27

28

05

06

07

08

13

Anniversaire de Robert Millar, aujourd'hui Philippa York (1958) ; maillot à pois en 1984

14

15

Anniversaire de Fausto Coppi (1919) ; maillot jaune et à pois en 1949 et 1952

Anniversaire de Giancarlo Bellini (1945) ; maillot à pois en 1976

16

21

Journée internationale de la paix

22

Anniversaires d'Eddy Planckaert (1958) ; maillot vert en 1988

23

Automne

24

Anniversaire de Gustave Garrigou (1884) ; vainqueur du Tour en 1911

29

Anniversaire de Felice Gimondi (1942) ; maillot jaune en 1965

30

Anniversaire de Jean-Paul van Poppel (1962) ; maillot vert en 1987

Stef Coulon

Patron de maillotdistinctif.com – 09.1976

À quoi ressemblait votre tout premier vélo ?
Il était orange, beaucoup trop lourd et n'avait pas assez de freins. Mais c'est quand même avec lui que j'ai pris le départ de ma première compét'.

Que symbolise, selon vous, le Tour de France ?
Pour moi, le Tour de France, c'est l'été, les vacances en famille, les après-midi au soleil, les barbecues improvisés, l'odeur de l'huile camphrée au passage des coureurs, l'odeur du bitume qui fond sous la canicule...

Quel est votre meilleur souvenir du Tour de France ?
C'est mon premier Tour de France sur le bord de la route. C'était dans l'ascension du Puy-de-Dôme en 1986.

Eddy Merckx, pour vous, il représente quoi ?
La domination sans partage.

Quelle a été votre première émotion en lien avec le vélo ?
Le frangin échappé avec 30 s d'avance sur le peloton. Les poils qui se hérissent pendant 5 min, l'envie de faire la même chose dès le lendemain.

LES FAVORIS

Coureur belge

— Wout Van Aert, quelle élégance sur le vélo, quelle classe naturelle, quel mental d'acier ! On dirait un acteur de série américaine. C'est un personnage fascinant et puis un crossman est toujours au-dessus du lot.

Coureur étranger

— Miguel Indurain

Course

— Paris-Roubaix.

Maillot distinctif

— lol...

Maillot d'équipe

— La Vie Claire.

TOP 3

Les plus belles expressions du monde du vélo ?

1. **« Attaquer jusqu'à prendre la bonne. »** Ma meilleure vente !
2. **« Rouler comme un avion. »** Ma deuxième meilleure vente.
3. **« Faire l'élastique. »** Parce qu'il a parfois lâché en course, et ça fait mal.

Les plus grands vainqueurs du Tour de France ?

1. **Laurent Fignon :** parce qu'il était un coureur atypique, incompris, né pour écraser les pédales (quitte à casser un pédalier en pleine course).
2. **Greg LeMond :** parce qu'il était un coureur novateur. Il fut aussi le premier Américain à remporter le Tour. Avec son guidon de contre-la-montre et ses lunettes Oakley, c'était tout un programme...
3. **Jacques Anquetil :** parce qu'il était un coureur mal aimé. Né avec un vélo dans les mains et une obstination dans le crâne.

« En 1 seul mot », le cyclisme pour vous, c'est______?

VITAL

Rodrigo Beenkens

Journaliste – 09.09.1963

Pourquoi choisissez-vous le mot « temps » pour décrire le Tour de France ?
Le temps, c'est à la fois le temps qui passe, le temps qui presse. Le temps qui s'arrête, le temps de préparation, le temps de reportage en direct, le temps qu'il faut finir à temps, pour arriver à temps, arriver à temps à l'hôtel avant que le restaurant soit fermé... Et surtout le temps passé loin de chez soi. Puisque le Tour de France, aujourd'hui, ça représente pratiquement deux ans de ma vie. C'est parfois du mauvais temps, parfois du très beau temps, parfois des grosses chaleurs et des gros froids. J'ai eu une étape en 1995 au Val-d'Isère où, en me réveillant, je me croyais aux sports d'hiver. Mais ceci dit, on passe toujours du bon temps sur le Tour de France !

Quel est votre meilleur souvenir du Tour de France ?
Je me souviens particulièrement de mon premier repas lors de mon premier Tour de France. C'était dans la banlieue de Nantes, dans un très bel endroit qui s'appelle l'Abbaye de Villeneuve. Je m'attable et je m'aperçois que Catherine Deneuve est assise à la table à côté. Je n'en croyais pas mes yeux... On était en 1990. Elle avait 46 ans, mais était tout simplement sublime. Elle irradiait de beauté. Ce jour-là, je me suis dit que le Tour était quand même magique...

Avez-vous un meilleur souvenir sportif ?
Cela va peut-être vous étonner, mais ce n'est pas un souvenir télévisé. Quand j'étais enfant, j'allais toujours en vacances au Portugal avec mes parents durant le mois de juillet. Et je me souviens que l'après-midi, je quittais la plage avec mon papa pour aller écouter France Inter ou Europe 1, en fonction de ce que l'on pouvait capter. On écoutait les exploits d'Eddy Merckx, puis de Lucien Van Impe dans la montagne. Les Portugais nous prenaient pour des fous, à nous voir dans la voiture en train d'écouter ce qui était en train de se passer dans les Alpes et les Pyrénées.

LES FAVORIS

Coureur belge

— Alors, Eddy Merckx et Claudy Criquielion étant devenus des amis, je vais les mettre hors catégorie. Je vais plutôt choisir un coureur que j'ai suivi avant de faire ce métier et que j'aimais beaucoup. Il s'agit d'Alfons De Wolf. Ce gars avait une classe extraordinaire, une élégance folle sur le vélo. J'étais vraiment supporter de Fons De Wolf. Et quand le Grand Prix de Wallonie, à la Citadelle, passait devant chez moi, à Namur, je criais « Allez Fons » ! Pas plus tard que samedi dernier, je suis allé rouler avec quelques anciens coureurs, dont Fons De Wolf. Il se rappelait qu'un Wallon criait son nom à 5 km de l'arrivée...

Coureur étranger

— Laurent Fignon. Quand il était à son apogée, je n'étais pas encore commentateur, mais j'ai commenté la fin de sa carrière, notamment sa dernière victoire d'étape au Tour de France. Je le trouvais complètement imbuvable, arrogant. Puis, j'ai appris à le connaître en privé. Il a été mon consultant et je l'ai adoré. En réalité, il était assez timide et réservé. Il me manque beaucoup.

Course

— Liège-Bastogne-Liège est la plus belle, il n'y a aucun doute. C'est aussi la plus sympa, avec la Flèche. Ce sont deux courses que nous couvrons avec nos propres moyens, devant notre public, avec notre réalisateur Thierry Delrue. Au lieu de subir, on est un peu les chefs d'orchestre... Ce rôle très actif, nous ne l'avons pas dans les autres courses. Le Tour des Flandres et Paris-Roubaix restent néanmoins les deux plus belles courses à commenter.

Maillot distinctif

— Celui de l'équipe nationale. Il y a eu des périodes où il était moins beau, mais de manière générale, je l'aime bien. J'apprécie celui avec lequel Merckx a été champion du monde, par exemple. Ou celui que portait Criquielion lors de sa victoire. Je l'adore celui-là.

Maillot d'équipe

— Le maillot Molteni, celui que j'ai porté, le premier que j'ai acheté. C'est vrai que le brun n'était pas très beau. D'un point de vue esthétique, je préfère donc le Faema.

« En 1 seul mot », le Tour de France pour vous, c'est_____?

LE TEMPS

TOP 3

Les plus belles expressions du monde du vélo ?

1 **« Faites attention Eddy Merckx attaque »,** l'acronyme de Faema.

2 **« Avoir la socquette en titane » :** se faire remarquer par l'efficacité d'un coup de pédales harmonieux et aérien, être capable de suivre tous les trains et de répondre sans effort apparent aux changements de rythme.

3 **« Se mettre à la planche » :** appuyer avec le maximum d'efficacité et de volonté sur les pédales.

Les plus grands vainqueurs du Tour de France ?

1 **Eddy Merckx :** si je dois argumenter, va falloir sortir un second *Complètement Tour*.

2 **Maurice Garin :** le premier vainqueur du Tour de France. Le « petit ramoneur » est celui qui affiche toujours le plus grand écart avec son plus proche adversaire (49 min et 45 s d'avance sur Pothier). En plus, il a gagné trois des six étapes qui étaient au menu, dont la première et la dernière.

3 Je vais tricher et mettre le nom d'une petite commune namuroise qui s'appelle Florennes et dont étaient issus **Firmin Lambot et Léon Scieur.** Il faut savoir que Firmin Lambot est le premier coureur à avoir ramené le maillot jaune. Comme si cela ne suffisait pas, **Philippe Thys**, un Bruxellois qui a réussi le premier triplé du Tour de France, est parti lui aussi vivre à Florennes. Ce petit village a donc abrité les vainqueurs de six Tours de France consécutifs !

Première émotion en lien avec le vélo ?

La vraie émotion, elle est moins physique qu'intellectuelle. La vraie émotion, pour moi, elle est arrivée à travers mes lectures. Mes lectures pour essayer de me renseigner sur l'histoire du vélo et du cyclisme. Je me rends compte que dans le reportage cycliste, il y a une notion d'épopée qui permet d'être lyrique. Des auteurs comme Antoine Blondin, Émile Zola, Jean Giono et Jules Renard ont écrit à propos du vélo.
J'ai moi-même été surpris de lire ce que Victor Hugo disait du cyclisme : « L'exercice du vélocipède [il utilisait ce mot], c'est la décision dans l'esprit, la précision dans l'idée et la concision dans le style. » Je trouve cela magnifique.
Quant à Céline, voici ce qu'il disait, tout simplement : « Une bicyclette est un concours de grâces. » Ça me procure des émotions.
La langue française est magnifique. Et je trouve qu'à travers le sport cycliste, en racontant le sport cycliste, que ce soit par écrit ou même par oral, on peut raconter de belles histoires. Et je trouve que c'est merveilleux de découvrir de belles histoires, puis de les raconter.

Le Tour de France, à l'origine, c'est donc quelque chose qui vous relie à l'enfance et à votre papa ?
Oui. Moi, j'étais un fan de foot, mais mon papa l'était moins. Lui, il appréciait beaucoup plus le Tour de France, notamment pour ses paysages, etc. Le paradoxe, c'est qu'au Portugal, nous n'avions pas la télé... On devait se contenter de regarder les résumés qui passaient après minuit dans les cafés. Bref, oui, c'est lié à l'enfance, aux vacances.

À quoi ressemblait votre tout premier vélo ?
C'était un torpédo gris sans tube supérieur et avec deux tubes obliques. Il était très difficile à mettre en route, mais il m'a bien servi pour refaire les étapes du Tour ou les Classiques avec mon maillot Molteni et ma casquette Eddy Merckx.

Justement, en parlant de Merckx, quel mot utiliseriez-vous pour le définir ?
Je dirais « ponctualité ». C'est un homme d'une extrême ponctualité. Si on a rendez-vous avec lui à 12 h dans un resto pour une interview qui commence à 12 h 30, et qu'il arrive à 12 h 33, il va s'excuser cinq fois d'être en retard. La ponctualité, c'est aussi ce qui caractérise sa carrière. Chaque fois qu'il se fixait un objectif, il le remplissait (ou du moins souvent). Et quand il ne gagnait pas, il arrivait deuxième, troisième, quatrième ou cinquième... Je pense que c'est le mot qui l'illustre le mieux.

Comment définiriez-vous le vélo ?
Alors, pour moi, c'est tout simplement l'abréviation de « vélocipède ». Je me demande même si je ne commencerais pas à militer pour réintroduire l'emploi du mot « vélocipède » dans nos usages. Avant le vélo ou la bicyclette, il y a eu la draisienne, le grand-bi, le tricycle... Le mot « vélocipède » englobe donc toute cette histoire plus large. Au début, c'était avant tout un moyen de locomotion. Un gars comme Rik Van Looy, c'est parce qu'il était livreur de journaux qu'il est devenu coureur à vélo...

Que représente le cyclisme à vos yeux ?
C'est un livre, mais un livre ouvert. Parce qu'on ne commente pas, à mon sens, de la même manière le Tour de France qu'un Kuurne-Bruxelles-Kuurne. Au Tour, on a un public beaucoup plus large. Quand on présente le Tour de France, on ne parle pas que de sport, mais on aborde aussi l'histoire, la géographie, l'art, l'architecture, la gastronomie. Parfois même un peu de sciences pharmaceutiques... Moi, plus j'apprends, plus je suis heureux... Cette forme d'érudition me plaît beaucoup. Aucun autre sport ne m'apporte cela. Si je commente un match des Diables Rouges et que je me mets à parler de l'église de Bratislava, les gens vont se demander ce qu'il me prend... Par contre, au Tour, 60 % des images diffusées sont des paysages, pour 40 % de coureurs en action. C'est un choix, celui de France Télévisions, mais il faut en être conscient.

Franck Villano

Réalisateur – 11.09.1968

À quoi ressemblait votre tout premier vélo ?
C'était un vélo du genre « américain » avec une selle allongée et un guidon relevé en corne de vache, comme les Harley.

Quel est votre meilleur souvenir du Tour de France ?
L'attaque de Froome au sommet de Peyresourde et sa descente de fou vers Bagnères-de-Luchon en 2016. J'apprécie vraiment le Tour de France. Chaque jour, on a hâte de découvrir la suite, les rebondissements, et de jouir du spectacle.

Comment définiriez-vous Eddy Merckx ?
Je l'assimile à Dieu. Quand on est un jour monté sur un vélo, qu'on a roulé en haute montagne, sur les pavés, contre le vent et le chrono, qu'on a sprinté vers la ligne, roulé dans les labourés et sur la piste en bois ou en ciment, on comprend à quel point Eddy Merckx a été le meilleur de tous les temps et en toutes disciplines, et la somme de talent, de don et surtout de travail que sa carrière a nécessité. Impossible de le rejoindre là-haut, surtout dans le cyclisme moderne si compartimenté.

Que représente le vélo à vos yeux ? Quelle différence avec le cyclisme ?
Le vélo, c'est la vie, mais aussi la liberté, la découverte, le calme et l'introspection, le courage, la force et l'hygiène de vie. Sans oublier l'empathie, le partage et l'ouverture sur les autres. Le cyclisme, je le considère comme essentiel. Mon métier me mettant en permanence en contact avec des tas de gens, j'y trouve le calme et le recul nécessaires pour contrebalancer le stress et l'agitation des très longues journées de travail. C'est aussi un formidable outil pour (re)découvrir son environnement quotidien (allez rouler autour de chez vous, vous verrez…) et des contrées plus lointaines, calmement et nez au vent. Et puis, après l'avoir délaissé vingt-cinq ans (et pris autant de kilos), il m'a aidé à retrouver la ligne et la forme tout en m'évadant et m'amusant.

Quelle a été votre première émotion en lien avec le vélo ?
Mon père, mon parrain et mon oncle qui se mettent chacun à un bout de la rue pour me guider au moment de mes premiers demi-tours à vélo. Un souvenir heureux gravé pour toujours.

« En 1 seul mot », le Tour de France pour vous, c'est______?

ADDICTIF

LES FAVORIS

Coureur belge

— Philippe Gilbert, parce qu'il est un des plus grands, et d'une humilité remarquable.

Coureur étranger

— Vincenzo Nibali, pour exactement les mêmes raisons que Philippe Gilbert.

Course

— Le Tour de Lombardie, parce que le Mur de Sormano et le Ghisallo, c'est exceptionnel.

Maillot distinctif

—Le Rose bien sûr, le plus beau de tous, et le plus prestigieux (rappelons que je suis italien...).

Maillot d'équipe

— J'aime la classe et la sobriété. J'aimais bien le maillot que portaient les coureurs de l'équipe Aqua Blue Sport. Dommage qu'il ait disparu cette saison... Dans les anciens maillots, je choisirais le Bianchi de Coppi.

TOP 3

Les coureurs ayant montré le plus de panache sur les routes du Tour de France ?

1. **Bardet** pour sa pugnacité en 2016 et qui s'accroche à Froome autant qu'il le peut dans la dernière étape de montagne.
2. **Philippe Gilbert** en 2018 qui remonte sur son vélo et termine l'étape malgré son impressionnante culbute.
3. **Sagan** en 2018 qui réussit à sauver son maillot vert malgré les conséquences de sa chute dans la descente du Val Louron-Azet.

Jean-François Bourlart

Manager de l'équipe Wanty-Gobert – 13.09.1974

À quoi ressemblait votre tout premier vélo ?

Je ne me rappelle plus, mais mon premier vélo de course pour rouler en aspirant était un Eddy Merckx MX Leader !

Comment décririez-vous le Tour de France ?

C'est une épreuve tout simplement incroyable. C'est la plus grande course du monde, avec les meilleurs coureurs du monde et les plus beaux paysages, l'omniprésence du public, des médias... C'est aussi une course remplie d'émotions, de doute, de stress... Et en plus, ça dure trois semaines !

Quel est votre meilleur souvenir de Tour de France ?

Le maillot à pois porté pendant trois jours par Dion Smith en 2018.

Que représente Eddy Merckx à vos yeux ?

Merckx, c'est le meilleur de tous les temps. Il est imbattable !

Quelle a été votre première émotion en lien avec le vélo ?

Mes parents étaient supporters de Claudy Criquielion et nous allions le voir un peu partout : Tour de France, championnats du monde... Je pense que ma première grande course en « fan » de Claudy était une étape contre-la-montre du Tour qui arrivait à Villard-de-Lans et a été remportée par Delgado (en 1988 ?).

Quel est le mot qui, selon vous, qualifie le mieux le cyclisme ?

Je pense que c'est « exigeant ». On doit faire de nombreux sacrifices pour espérer y arriver...

LES FAVORIS

Coureur belge

— Claudy Criquielion.

Coureur étranger

— Alejandro Valverde.

Course

— Le championnat du monde sur route pour son atmosphère.

Maillot distinctif

— Le maillot à pois.

TOP 3

Les plus grandes équipes, de tous les temps, du Tour de France ?

1. Sky
2. Gan
3. Molteni

Les courses les plus difficiles à gérer en tant que directeur sportif ou manager ?

1. **Un championnat de Belgique** car il y a très peu d'équipes complètes. La course est donc très compliquée à contrôler. Cette course ne nous a jamais réussis.
2. **Binche-Chimay-Binche** car c'est la course « à la maison » et tout le monde nous attend… Les deux dernières années nous ont quand même réussis : troisième place de Devriendt en 2017 et victoire en Coupe de Belgique pour Dupont en 2018.
3. **Une classique flamande ou Paris-Roubaix** car il faut connaître tous les pièges de la course et anticiper les choses pour espérer faire un résultat au milieu de toutes les grandes équipes.

« En 1 seul mot », le vélo pour vous, c'est_____ ?

PASSION

Raphaël Scaini

Programmateur musical et animateur sur Classic 21, chroniqueur d'*On n'est pas des pigeons* – 29.09.1974

À quoi ressemblait votre tout premier vélo ?
Il était blanc avec des gros pneus. C'est celui avec lequel j'ai appris à rouler sans les petites roues.

Comment décririez-vous le Tour de France ?
Je dirais que le Tour de France me fait voyager. Il m'est déjà arrivé d'aller découvrir un endroit de France après l'avoir brièvement vu en télé lors du Tour. L'édition 1989 et les 8 s entre LeMond et Fignon après plus de 3 200 km reste mon meilleur souvenir. Deux rivaux qui donnent tout jusqu'à la fin, on est loin des tours soporifiques de ces dernières années.

Que représente le vélo à vos yeux ?
Une sorte de thérapie. Quand j'enfourche mon vélo pour une sortie de deux heures, je passe quarante minutes à ressasser mes soucis et mes contrariétés puis, comme par magie, tout s'efface au fur et à mesure que les kilomètres défilent. Quand je rentre, le compteur est généralement à 50 km et le compteur émotionnel est remis à zéro.

Quelle a été votre première émotion en lien avec le vélo ?
La fin du premier biathlon auquel j'ai participé, je pleurais de douleur et d'émotion.

Que pensez-vous du cyclisme ?
Je trouve que c'est un sport ingrat. Beaucoup de coureurs ont déjà perdu des courses à cause d'une fourche qui casse, d'un dérailleur qui bloque, d'une chaîne qui saute dans un sprint, d'un boyau qui s'arrache dans une descente de col, etc. Imaginez, vous êtes le meilleur, vous vous êtes préparés pendant plusieurs années pour un rendez-vous et paf, le matériel lâche. Sans parler du rôle de certains équipiers qui galèrent plus que leur leader pour l'emmener vers l'arrivée dans les meilleures conditions, puis qui doivent terminer un col au beau milieu de la foule qui redescend sans parfois même les regarder.

LES FAVORIS

Coureur belge
— Si je dis Merckx, je ne vais pas être original, alors je vais dire Claudy Criquielion.

Coureur étranger
— Actuellement, j'ai un faible pour Mathieu van der Poel, un véritable extraterrestre, mais dans les anciens, je reste fan de Greg LeMond.

Course
— Le Giro.

Maillot distinctif
— Le rose porté par le leader du Giro, car c'est pour moi le plus beau des Tours. Désolé pour les fans du Tour de France...

Maillot d'équipe
— L'équipe Z dans laquelle a roulé LeMond.

TOP 3

Les plus belles expressions du monde du vélo ?

1. **« Faire une bordure » :** c'est une technique du vélo d'antan, mais quand une équipe moderne décide de l'appliquer, ça met toujours un joyeux bordel comme à la grande époque.
2. **« Chasse-patate » :** parce que j'aime les frites, mais surtout parce que c'est la position la plus inconfortable pour un coureur. Se retrouver seul entre deux groupes et tout faire pour aller rejoindre les gars devant, c'est ça le métier de coureur.
3. **« Grupetto » :** c'est le symbole de solidarité entre les stars du sprint et les équipiers moins forts qui essayent tous de rentrer dans les délais en montagne. Dans ce cas, tout le monde s'attend, il n'y a plus de stars et de *gregarios*.

Les plus grands vainqueurs du Tour de France ?

1. **Eddy Merckx,** parce qu'inégalé et inégalable.
2. **Marco Pantani en 98 :** on a bavé avec les Français et leur coupe du monde de foot, alors un Italien qui remporte le Tour, surtout en 98, ça n'avait pas de prix pour moi !
3. **Bradley Wiggins :** un Anglais qui a été formé sur la piste, qui rêve de remporter Paris-Roubaix et qui remporte le Tour de France, ça se respecte !

« En 1 seul mot », Eddy Merckx pour vous, c'est______?

UN GÉANT

OCTOBRE

01

02

03

04

Journée mondiale des animaux

09

10

11

12

Anniversaire de Baden Cooke (1978) ; maillot vert en 2003

17

18

Anniversaire de Lucien Petit-Breton (1882) ; vainqueur du Tour en 1907 et 1908

19

20

Anniversaire de Lucien Van Impe (1946) ; maillot jaune en 1976, maillot à pois en 1971, 1972, 1975, 1977, 1981 et 1983

25

26

27

Anniversaire de Santiago Botero (1972) ; maillot à pois en 2000

28

Anniversaire de Julio Jiménez (1934) ; maillot à pois de 1965 à 1967

Anniversaire de Warren Barguil (1991) ; maillot à pois en 2017

05

06

07

Anniversaire de Jean Forestier (1930) ; maillot vert en 1957

08

Anniversaire de Philippe Thys (1890) ; vainqueur du Tour en 1913 et 1914, maillot jaune en 1920

13

Journée internationale du hamburger

14

15

Anniversaire de Tom Boonen (1980) ; maillot vert en 2007

16

Anniversaire de Vicente Trueba (1905) ; maillot à pois en 1933

21

22

23

24

Anniversaire d'Octave Lapize (1887) ; vainqueur du Tour en 1910

29

30

31

Halloween

NOVEMBRE

01

02

03

04

Anniversaire de Nicolas Frantz (1899) ; maillot jaune en 1927 et 1928 (20 victoires d'étape)

09

10

11

Armistice

12

Première édition du Tour de Lombardie (1905) ; victoire de Giovanni Gerbi

17

18

Anniversaire de Jacques Anquetil (1934)

19

Anniversaire de Richard Virenque (1969) ; maillot à pois de 1994 à 1997, en 1999, 2003 et 2004

20

25

26

27

28

Anniversaire de Stephen Roche (1959) ; maillot jaune en 1987

05

06

07

08

13

14

Anniversaire de Bernard Hinault (1954) ; maillot jaune en 1978, 1979, 1981, 1982 et 1985

Anniversaire de Vincenzo Nibali (1984) ; maillot jaune en 2014

15

16

21

Journée mondiale de la télévision

22

23

24

29

30

Anniversaire de Laurent Jalabert (1968) ; maillot vert en 1992 et 1995, maillot à pois en 2001 et 2002

Christian Prudhomme

Directeur du Tour de France – 11.11.1960

En quoi le Tour de France représente-t-il votre vie ?
Le journalisme était le métier de ma vie, tandis que le Tour est ma vie parce que je suis devenu journaliste grâce à lui. Je l'écoutais à la radio, je le regardais à la télé, je lisais ses histoires dans les journaux... J'ai rêvé de devenir journaliste pour suivre le Tour de France. J'ai eu la chance de le commenter à la radio et à la télé. Je n'avais jamais imaginé qu'un jour j'en serais le directeur. Mais aujourd'hui, c'est ma vie. Parce que partout où je vais, je suis le directeur du Tour. Si je décide d'aller manger quelque part avec ma femme, on pense que je fais un repérage. Partout, toujours, tout le temps. Donc oui, c'est ma vie.

Quel est votre meilleur souvenir du Tour de France ?
C'est la première fois où j'ai vu passer le Tour de France en 1970, en Haute-Savoie, au col de Cou. C'est à la fois un bon souvenir, car j'ai vu le maillot jaune (Eddy Merckx), et un mauvais car je n'ai pas vu Raymond Poulidor, mon chouchou.

TOP 3

Les plus beaux cols du Tour de France ?

1

Galibier : le géant des géants. Selon Henri Desgrange, à côté du Galibier, les autres cols faisaient tous pâle figure. Bon, ce n'est pas forcément vrai, mais le Galibier reste quand même un must. En 2011, quand on a fêté le centième passage au sommet du Galibier, une étape s'y est arrêtée. Elle a été remportée par Andy Schleck.

2

Le Tourmalet, parce que c'est le col le plus fréquenté de l'histoire du Tour de France. Il y a déjà eu deux arrivées d'étape à son sommet et il y en aura donc une troisième au mois de juillet 2019.

3

L'Izoard, qui est pour moi la « Casse déserte », le symbole des symboles. La Casse déserte, rappelle des exploits, le souvenir des champions. Dans l'immensité et le silence, on a l'impression d'y être sur la Lune. Il y a aussi les stèles en hommage à Fausto Coppi et à Louison Bobet. Pour moi, c'est un coup de cœur.

« En 1 seul mot », le cyclisme pour vous, c'est_____?

MA VIE

LES FAVORIS

Coureur belge

— Évidemment, il n'y a qu'une seule réponse. Je vais vous donner un indice au cas où vous auriez quelques doutes. Ce sont les mêmes initiales que le président de la République française actuel : E. M.

Coureur étranger

— Je vais vous en donner plusieurs qui sont évidemment de l'enfance. Raymond Poulidor, Bernard Thévenet, Bernard Hinault, Jean-François Bernard au Ventoux en 87. Ce sont des coureurs qui m'ont fait vibrer et m'ont procuré de l'émotion.

Maillot distinctif

— C'est forcément le maillot jaune. Pas simplement parce que c'est le centenaire, mais s'il ne devait rester qu'un seul maillot, il ne resterait que le jaune. Le vainqueur d'étape et le vainqueur du classement général. Le maillot jaune, ça va très au-delà du Tour de France et du cyclisme. C'est un symbole de victoire dans le monde en général et même au-delà du monde du sport. Avoir le maillot jaune, ça veut dire être le meilleur.

Maillot d'équipe

— Là, c'est pareil, je replonge en enfance. Je pense à Peugeot, à Molteni. Le maillot Z m'a aussi frappé, mais plus tard. Il y a un maillot qui vient de disparaître, celui de Direct Énergie, c'était un maillot très fort et qu'on voyait très bien. Je n'aime pas les maillots qui changent tout le temps. Qu'il change un peu d'une année sur l'autre pour des raisons commerciales, je peux le comprendre, mais il est important aussi qu'on puisse le reconnaître. Je n'aime pas quand ça change du tout au tout d'une année à l'autre.

Comment définiriez-vous Eddy Merckx ?

Eddy Merckx, c'est le plus grand. C'est la légende du cyclisme. La référence. C'est le mythe. C'est l'étalon or. Alors pourquoi ? Parce qu'il a tout gagné et plusieurs fois. Je vais juste citer deux chiffres : Bernard Hinault a remporté 216 victoires, il se classe derrière Eddy Merckx qui en a remporté 525. Lorsque nous avons annoncé le grand départ de Bruxelles à l'Hôtel de Ville, lors de la conférence de presse, à un moment donné, il y a eu un instant extraordinaire : Bernard Hinault avait le micro et parlait à la salle, mais on aurait dit qu'il ne parlait qu'à Eddy. Il l'a regardé dans les yeux et lui a dit : « J'ai voulu te ressembler. » Seul Bernard Hinault pouvait dire ça. Merckx, c'est la référence absolue en matière de cyclisme.

Que représente le vélo à vos yeux ?

Cela représente de l'émotion avec les champions, mais également un moyen facile de se déplacer. Ça peut aussi être un symbole de liberté, sans aucun doute. On le ressent peut-être moins dans nos sociétés où, malgré les difficultés de la vie quotidienne on est moins malheureux que d'autres, mais le vélo ça vous permet parfois d'avoir du travail ou d'aller à l'école. Par ailleurs, ça ne pollue pas et ça fait du bien à la santé. La bicyclette est furieusement à la mode aujourd'hui et je crois qu'il faut en profiter.

À quoi ressemblait votre tout premier vélo ?
C'était un vélo rouge qui avait encore des petites roues. J'étais tout petit. Je m'en souviens sans doute parce que j'en ai vu des photos. Ensuite, j'ai eu un demi-course avec lequel j'allais de temps à autre au lycée au début des années 1970. Aujourd'hui, j'ai deux VTT et un vélo hollandais. Ce dernier m'a été offert par l'ancien ambassadeur des Pays-Bas à Paris. C'est un amoureux du vélo. Je dois avouer que je ne le sors que dans les grandes occasions... Pour aller chercher le pain pendant les vacances, par exemple. Ça m'arrive assez régulièrement de rouler à vélo, mais je ne me suis jamais pris pour un champion. On rêve tous évidemment... Mais étant journaliste, j'ai sans doute davantage rêvé de présenter le 20 heures en France qu'autre chose. J'ai eu la chance de présenter *Stade 2*. Commenter le Tour de France, ça, c'était vraiment mon rêve.

Un mot pour décrire le cyclisme ?
Je vais encore choisir émotion, mais aussi proximité. Dans le cyclisme, le champion est accessible, ce qui n'est pas le cas dans tous les sports. Alors certes, ils ne vont peut-être pas faire tous les selfies qu'on leur demande ou signer tous les autographes, car ils sont fort sollicités, mais il règne néanmoins une certaine proximité. De temps à autre, on organise un séminaire sur le thème du Tour de France avec les équipes et la phrase que je retiens le plus, c'est celle du fils d'un collaborateur disant : « Papa, le Tour de mes rêves, c'est le Tour qui passe devant chez moi. »
C'est ça le vélo, ça passe devant chez vous, que vous habitiez sur le parcours de Liège-Bastogne-Liège ou sur celui de Paris-Roubaix. On voit alors passer des champions et cela a beau être furtif, vingt, trente ou cinquante ans plus tard, on s'en souvient. C'est ça la magie du cyclisme !

Gérard Bulens

Ancien directeur sportif, consultant – 15.11.1951

Comment définiriez-vous le Tour de France ?
Le Tour, c'est un surévénement ou du moins un événement surmédiatisé avec les étapes retransmises en intégralité. Durant le Tour, chaque épisode est grossi et décortiqué. Tous les participants, qu'ils soient coureurs, organisateurs ou accompagnateurs, y sont soumis à une pression intense !

Quelle a été votre première émotion en lien avec le vélo ?
Enfant, je vivais dans la même rue qu'un coureur amateur que nous allions voir courir au prix de très longues balades pédestres. Il s'appelait Georges Van Coningsloo et lorsqu'il devint professionnel, quelle ne fut pas ma surprise de le trouver devant ma porte le soir de ma communion avec son bouquet de vainqueur de Paris-Bruxelles, qu'il venait de remporter.

À quoi ressemblait votre tout premier vélo ?
C'était un vélo de route très rudimentaire, avec un guidon plat. Je me souviens que je tenais le guidon par les poignées de frein pour avoir une position plus aérodynamique.

Que représente le cyclisme à vos yeux ?
Le cyclisme, c'est ma passion. Grâce à celle-ci, j'ai eu l'occasion de faire du vélo en compétition, tant sur la route qu'en cyclo-cross. Puis, je suis devenu manager d'équipe pendant vingt-cinq ans et je suis toujours consultant à la télévision aujourd'hui ainsi que président d'une asbl qui aide des jeunes appartenant à des familles défavorisées à faire du vélo en compétition.

LES FAVORIS

Coureur belge

— Rik Van Looy.

Coureur étranger

— Pedro Delgado.

Course

— Le Giro.

Maillot d'équipe

— Celui de l'équipe Brooklyn.

TOP 3

Les meilleurs Belges ?

1. Eddy Merckx
2. Rik Van Looy
3. Rik Van Steenbergen

« En un seul mot », Eddy Merckx pour vous, c'est______?

L'OGRE !

Geoffrey Zoller

Employé de banque – 22.11.1979

À quoi ressemblait votre tout premier vélo ?
C'était un vieux vélo sur lequel mon père avait mis un guidon de vélo de course.

Comment décririez-vous le Tour de France ?
C'est le plus grand événement sportif au monde ! Le Tour offre du spectacle, permet d'admirer les performances des coureurs et surtout de venir les admirer gratuitement sur le bord de la route !

Quel est votre meilleur souvenir du Tour de France ?
En 1989, quand Pedro Delgado a pris le départ du prologue avec plus de deux minutes de retard sur l'horaire officiel !

Quelle a été votre première émotion en lien avec le vélo ?
Un sentiment de liberté.

Que représentent le vélo et le cyclisme pour vous ?
Pour moi, le vélo, c'est la magie. C'est un sport magnifique, certes très dur mais qui rend heureux.
Le cyclisme, c'est un sport exigeant, un sport de souffrance qui demande énormément de sacrifices et d'abnégation.

LES FAVORIS

Coureur belge

— Frank Vandenbroucke.

Coureur étranger

— Miguel Indurain.

Course

— Paris-Roubaix.

Maillot distinctif

— Le maillot de champion du monde.

Maillot d'équipe

— Sky (actuellement).

TOP 3

Les plus belles Classiques du printemps ?

1. Paris-Roubaix
2. Tour des Flandres
3. Liège-Bastogne-Liège

Les plus grands vainqueurs du Tour de France ?

1. **Eddy Merckx :** le « Cannibale », le meilleur coureur de tous les temps, un attaquant dans l'âme qui ne se contentait pas de gagner mais gagnait avec panache ! Il voulait tout gagner et ne laissait rien aux autres !
2. **Bernard Hinault :** le « Blaireau ». Il a toujours gagné avec panache (surtout quand il était blessé dans son orgueil !). Grande gueule, il fut le patron du peloton pendant dix ans !
3. **Miguel Indurain :** le seul coureur à avoir gagné cinq fois de suite le Tour de France. Meilleur cycliste espagnol de tous les temps même si l'ombre du dopage ne l'a jamais quitté !

« En 1 seul mot », Eddy Merckx pour vous, c'est______?

LE ROI !

Mathieu Istace

Journaliste – 25.11.1984

À quoi ressemblait votre tout premier vélo ?
Il était bleu et blanc, mais je ne suis pas capable de le décrire davantage !

Comment décririez-vous le Tour de France ?
Je trouve que c'est une compétition fascinante qui touche toutes les générations. C'est aussi une magnifique parenthèse au cœur de l'été qui permet à beaucoup de personnes de voyager. Le cyclisme est un sport qui permet à des personnes de tous les milieux de se réunir le long des parcours pour vivre ensemble leur passion.

Quel est votre meilleur souvenir du Tour de France ?
Je garde beaucoup de souvenirs du Tour de France. Difficile d'en isoler un. J'ai pu couvrir le Tour de France en 2014 avec la RTBF, c'était une magnifique expérience. Je retiens aussi les lectures de journaux lorsque j'étais enfant et les retransmissions que je suivais en compagnie de mes parents et grands-parents.

Que représente Eddy Merckx à vos yeux ?
Merckx, c'est une légende ! Il a tout gagné dans sa carrière. Lorsque j'étais encore étudiant à l'Ihecs, je me souviens avoir réalisé un reportage à son sujet. Avec mes amis, nous nous étions rendus chez lui à Meise. Une fois le tournage terminé, Eddy nous avait demandés par quel moyen nous rentrions à Bruxelles. Lorsqu'il a appris que nous rentrions en bus, il s'est proposé pour nous reconduire lui-même vers la capitale. Une vingtaine de minutes plus tard, nous étions de retour à l'école après avoir discuté vélo avec le plus grand cycliste de tous les temps. C'était merveilleux.

Quelle a été votre première émotion en lien avec le vélo ?
Je me souviens avoir vu Laurent Fignon courir quand j'étais petit. Il avait un look à part. Plus tard, j'ai aussi eu un faible pour Axel Merckx, qui n'avait pas choisi la facilité en suivant les traces de son père. Je ne me souviens pas vraiment de ma première émotion en lien avec le vélo. Par contre, j'étais à Rio lorsque Greg Van Avermaet a gagné la médaille d'or. Ce fut un tout grand moment car Greg est un super coureur, très respectueux et disponible avec les journalistes.

LES FAVORIS

Coureur belge

— J'aime tous les coureurs belges. Honnêtement, c'est très difficile pour moi de donner un nom.

Coureur étranger

— J'aimais beaucoup le Pirate, Pantani !

Course

— La Flèche wallonne.

Maillot distinctif

— Le maillot rose.

Maillot d'équipe

— Mapei.

TOP 3

Les plus beaux cols du Tour de France ?

1. **Le Tourmalet :** le géant des Pyrénées. J'ai eu l'occasion de le découvrir en 2014 et de suivre un berger qui devait déplacer son troupeau à plus de 2000 m d'altitude à cause du passage du Tour. Un très beau souvenir assurément.

2. **Le Galibier :** le géant des Alpes. Je garde en tête la victoire d'anthologie d'Andy Schleck à son sommet. Maxime Monfort avait joué un rôle déterminant dans la victoire du Luxembourgeois. Je me souviens avoir vibré à l'époque car Maxime a toujours été un coureur exemplaire. Une belle mentalité qui lui permet de perdurer. Maxime a fait des études de communication, comme moi. Lors de mon stage à la RTBF en 2005, Maxime était invité en plateau pour l'émission *À bicyclette*. Je lui avais fait découvrir la salle des archives, une salle immense où l'on peut retrouver de véritables joyaux de l'histoire du cyclisme. À l'époque, Maxime ne savait pas encore qu'il allait permettre à Andy de remporter l'un des plus beaux succès de sa carrière.

3. **Le col du Petit-Saint-Bernard :** il se situe entre La Rosière et La Thuile, en Italie, et marque la frontière entre la Tarentaise et le Val d'Aoste. J'ai eu l'occasion de le découvrir lors de l'été 2009 avec mon collègue et ami Quentin Volvert. C'est un magnifique col, connu par de nombreux skieurs belges pendant l'hiver. Il avait été le théâtre ce jour-là d'une chute dramatique de Jens Voigt. On avait craint le pire car il avait chuté à plus de 80 km/h, mais il s'en était miraculeusement sorti avec une fracture de la pommette.

« En 1 seul mot », le cyclisme pour vous, c'est_____ ?

PASSIONNANT

Julie Dremière

Social Media Manager – 29.11.1988

À quoi ressemblait votre tout premier vélo ?
Un tricycle en alu, rouge métallisé.

Comment décririez-vous le Tour de France ?
Pour moi, c'est avant tout un sport populaire, l'un des rares où les champions sont aussi facilement accessibles et où tout le monde peut venir les encourager. Sur le bord des routes, toutes les catégories sociales se mélangent.

Quel est votre meilleur souvenir de Tour de France ?
L'étape des pavés lors du Tour de France 2014. La météo était dantesque, nous avions les pieds dans la boue et les coureurs n'étaient même plus reconnaissables.

Que représente pour vous Eddy Merckx ?
Un grand champion. Qui ne connaît pas Eddy Merckx ? Il a remporté un nombre incroyable de courses durant sa carrière, dont onze grands Tours.

Quelle a été votre première émotion en lien avec le vélo ?
Enfant, j'allais voir mon père sur les courses UFOLEP du coin. Nous l'encouragions de toutes nos forces. Le cyclisme, en réalité, c'est une passion familiale qui a toujours fait partie de ma vie.

« En 1 seul mot », le vélo pour vous, c'est_____ ?

LIBERTÉ

LES FAVORIS

Coureur belge

— Tom Boonen, que j'ai suivi dès ses débuts pro et qui m'a procuré des émotions énormes lors de Paris-Roubaix.

Coureur étranger

— Jacques Anquetil, la classe incarnée.

Course

— Paris-Roubaix, une course que je suis depuis toujours, mes parents habitant vers Compiègne et ma famille vers Roubaix.

Maillot distinctif

— Le maillot jaune, comme pour tous les Français !

Maillot d'équipe

— Plus jeune, j'étais hypnotisée par le maillot multicolore de Mapei.

TOP 3

Les plus belles expressions du monde du vélo ?

1. **« Être à la planche » :** voir un coureur qui s'arrache et se met à la planche, la plupart du temps des équipiers qui travaillent pour le leader, c'est beau !
2. **« Faire le métier » :** on dit souvent cela pour rire quand on fait un écart à table, mais pour les coureurs pros, c'est une vraie contrainte pour bien se préparer et on ne se rend pas toujours compte des sacrifices qu'ils font.
3. **« Pédaler avec les oreilles » :** cette expression me fait rire et le style de certains coureurs quand ils sont à fond aussi.

Les plus belles courses ?

Difficile de faire une sélection car chaque course a son charme et ses caractéristiques, mais je dirais :

1. **Paris-Roubaix,** une course de guerriers qui me fait vibrer.
2. **Le Tour des Flandres,** pour le parcours exigeant et l'ambiance.
3. **Le Tour de France,** pour son côté populaire et fédérateur.

DÉCEMBRE

01

02

Anniversaire de Jan Ullrich (1973) ; maillot jaune en 1997, maillot blanc de 1996 à 1998

03

Anniversaire de Joop Zoetemelk (1946) ; maillot jaune en 1980

04

09

10

Journée internationale des droits de l'homme

11

12

17

18

19

20

Anniversaire de Rik Van Looy (1933) ; maillot vert en 1963

25

Noël

26

27

Anniversaire de Maurice Dewaele (1896) ; maillot jaune en 1929

28

05

06

Anniversaire d'Alberto Contador (1982) ; maillot jaune en 2007 et 2009, maillot blanc en 2007

07

08

Anniversaire de Charly Gaul (1932) ; maillot jaune en 1958, maillot à pois en 1955 et 1956

13

14

15

Anniversaire de Domingo Perurena (1943) ; maillot à pois en 1974

16

21

22

Hiver

23

24

29

Anniversaire de Christophe Rinero (1973) ; maillot à pois en 1998

30

31

Grégory Ienco

Journaliste – 09.12.1989

À quoi ressemblait votre tout premier vélo ?
J'avais un VTT rouge et jaune que mes parents avaient acheté après ma troisième primaire à la suite de mon « bon » bulletin reçu en fin d'année. Je n'allais pourtant pas dans les bois avec ce VTT. J'essayais plutôt de faire des sprints en bord de Meuse ou de grimper le Mur de Huy aussi vite que possible, alors que ce vélo n'était pas vraiment adapté pour cela. Mais je pouvais faire « comme les grands ».

Pourquoi trouvez-vous le Tour de France fascinant ?
Un tel événement annuel qui attire petits et grands, dont les à-côtés (caravane publicitaire, retransmissions TV...) sont aussi importants que l'événement en lui-même, m'a toujours fasciné. Je m'interroge toujours sur ce qui amène vraiment les gens sur les routes du Tour, car tous ne sont pas fans de cyclisme. Mais il attire toujours autant de public.

Quel est votre meilleur souvenir du Tour de France ?
La victoire en solitaire d'Andy Schleck sur le Galibier lors du Tour de France 2011. Un geste préparé avec Maxime Monfort et réalisé avec un panache improbable pour l'époque. Alors que les courses étaient jusqu'ici très cadenassées, avec juste des « sprints » dans le dernier col à chaque reprise, l'effort du Luxembourgeois était louable. Et cela lui a permis de monter sur le podium final avec son frère Fränk en prime.

TOP 3

Les lieux les plus insolites traversés par Tour de France ?

1. **Le passage dans le Grand Palais de Paris,** lors de la dernière étape du Tour de France 2017. Ce n'était finalement qu'un petit passage sans conséquence pour le classement général ou la victoire d'étape, mais la vue était impressionnante en télévision.

2. **Le grand départ du Tour de France depuis le Mont-Saint-Michel en 2016.** Avec le passage près de cette presqu'île, cette vue depuis la mer… C'était du grand spectacle.

3. **Le contre-la-montre inaugural du Tour de France 2005 vers Noirmoutier.** Un long chrono sur la mer, sur un pont menant à une île. Les images étaient également très belles, et ont offert un duel d'un grand cru entre Ullrich et Armstrong.

« En 1 seul mot », le Tour de France pour vous, c'est_____ ?

FASCINANT

LES FAVORIS

Coureur belge

— Philippe Gilbert.

Coureur étranger

— Paolo Bettini.

Course

— Paris-Roubaix.

Maillot distinctif

— Le maillot rose du Tour d'Italie.

Maillot d'équipe

— Mapei-Quick Step et EF Education First.

TOP 3

Les plus grands champions du monde de tous les temps ?

1 **Peter Sagan,** qui a réussi l'exploit d'être trois fois champion du monde, dans trois conditions différentes. Comme un spécialiste des Classiques à Doha, comme un puncheur à Richmond, et comme un sprinter à Bergen, après s'être caché durant toute la course. Et il a prouvé par la suite que ce maillot de champion du monde lui a permis de grossir son palmarès, sur le Tour et sur les Classiques. Sa victoire à Paris-Roubaix avec le maillot arc-en-ciel reste un bel exploit.

2 **Eddy Merckx.** Être champion du monde à trois reprises sur huit saisons, c'est également très fort. Surtout, il est l'un des plus jeunes coureurs à avoir remporté le maillot irisé dès sa deuxième saison pro. Il a battu toutes les grandes stars de l'époque, malgré sa pancarte de favori. C'était fort.

3 **Óscar Freire.** S'offrir trois maillots arc-en-ciel, cela ne tient pas du hasard. Freire a toujours été le coureur caché, qui sait rester tapi au fond du peloton jusqu'au dernier kilomètre. Son jump n'était plus à démontrer au fil des années, mais à Lisbonne ou (deux fois !) à Vérone, le coureur de Cantabrie a toujours réussi à ne pas trop se montrer jusqu'au dernier kilomètre. Impressionnant.

Comment définiriez-vous Eddy Merckx ?
Il est légendaire. Dans le sens d'une personne qui semble irréelle, et dont personne ne pourra jamais atteindre l'excellence. Eddy Merckx a été un talent exceptionnel, a réussi une carrière que personne ne pourra plus réaliser. Je reste toujours subjugué par sa polyvalence, et le fait qu'il ait pu s'imposer sur tous les terrains. Je ne vois plus aucun coureur capable de réaliser la même carrière.

Quelle a été votre première émotion en lien avec le vélo ?
Vu que je viens de la région de Huy et de son célèbre Mur, c'est un souvenir de la Flèche wallonne qui me vient en tête. J'ai pu vivre en direct la victoire de Rik Verbrugghe en 2001, quand il était encore possible de tromper tout un peloton sur la Flèche. La foule était en délire quand il a franchi la ligne, cette victoire me donne encore des frissons quand je la revois sur YouTube.

Que représente le cyclisme à vos yeux ?
Le cyclisme me captive. Je peux rester des heures devant des courses cyclistes, qu'il s'agisse de pros masculins ou féminins, d'amateurs ou de professionnels, de cyclo-cross, de la piste, du VTT... La force qu'il faut pour tirer ces machines est ce qui me fascine le plus. Car j'ai beau rouler à vélo tant que je peux, je sais que je ne parviendrai jamais à réaliser ce que ces cyclistes peuvent faire. Alors, je les suis, je regarde leurs tactiques en course, etc.

Jean-Louis Moussiaux

Ancien enseignant et directeur d'école – 14.12.1954

À quoi ressemblait votre tout premier vélo ?
C'était un tricycle couleur bois qui appartenait autrefois à mon parrain Albert. Mon premier vélo à deux roues a été un Superia acheté chez le cousin Richard Devaux qui tenait une quincaillerie, mais vendait aussi des vélos à Moignelée (Sambreville).

Comment décririez-vous le Tour de France ?
C'est magique ! Le Tour est la plus grande épreuve cycliste du monde. Tous les champions, les favoris, se doivent d'être présents au départ du Tour. Durant trois semaines, les étapes, les faits de gloire, les rebondissements sportifs, parfois les drames, tiennent le public en haleine tout comme dans un bon film à suspense. Pour les téléspectateurs, le reportage en direct nous montre la beauté des paysages des différentes régions traversées. Pour les enfants, la magie de la caravane publicitaire et ses gadgets est aussi fortement attendue chaque année. Bref, c'est aussi la fête des spectateurs qui, attendant la caravane d'abord puis les champions, pique-niquent dans la joie et la bonne humeur.

Quel est votre meilleur souvenir du Tour de France ?
La première victoire en 1969 d'Eddy Merckx. J'avais 14 ans et, avec mon papa Florent, on regardait les arrivées d'étapes à la télévision dans les cafés de la côte belge.

Quelle a été votre première émotion en lien avec le vélo ?
En 1967, j'allais avoir 13 ans, le tour passait à Tamines. C'était l'événement de la ville et j'avais été émerveillé par les bibelots reçus lors du passage de la caravane publicitaire.

Que représente le cyclisme à vos yeux ?
Pour moi, le cyclisme, c'est la souffrance. Que de privations et d'efforts pour parfois très rarement arriver à la victoire.

LES FAVORIS

Coureur belge

— Eddy Merckx.

Coureur étranger

— Peter Sagan, un peu un électron libre dans le monde du vélo.

Course

— Liège-Bastogne-Liège.

Maillot distinctif

— Le maillot de champion du monde.

Maillot d'équipe

— Deceuninck-Quick Step.

TOP 3

Les plus belles Classiques du printemps ?

1. **Liège Bastogne-Liège :** le top des Classiques wallonnes.
2. **Milan-San Remo :** pour la passion qui règne autour de cette course.
3. **Tour des Flandres :** c'est la deuxième fête nationale en Flandre.

Les plus grands vainqueurs du Tour de France ?

1. **Eddy Merckx :** il était le Belge attendu depuis longtemps et était très bon sur tous les types d'étapes. La « Classe » !
2. **Jacques Anquetil :** il a aussi gagné cinq Tours de France mais avait un style de course distingué, élégant.
3. **Bernard Hinault :** le Breton du vélo qui gagnait au caractère.

« En 1 seul mot », Eddy Merckx pour vous, c'est_____ ?

LE PELÉ DU CYCLISME

Frédéric Coulon

Responsable communication et promotion de velo-liberte.be – 15.12.73

À quoi ressemblait votre tout premier vélo ?
C'était un vélo de route de marque Peugeot que j'ai reçu à l'âge de 13 ans.

Comment décririez-vous le Tour de France ?
Pour moi, le Tour de France, c'est magique. C'est une ambiance de fou au bord des routes lors du passage des coureurs et de la caravane, surtout dans les Alpes ou les Vosges où je vais les voir chaque année. C'est un événement familial gratuit qui emporte les enfants dans la frénésie des adultes. Pour moi qui pratique le vélo, c'est aussi une façon de m'identifier à ces coureurs, de connaître les mêmes douleurs qu'eux dans une montée ou face au vent… J'essaye de comprendre leur tactique de course, je la conteste parfois, mais je reste toujours admiratif face à l'effort de ces grands champions… Je suis un vrai supporter à plein temps. À chaque fin de Tour, j'attends impatiemment la conférence de presse en octobre. C'est à ce moment-là que le parcours est dévoilé et que je peux donc programmer mes vacances en fonction.

Quel est votre meilleur souvenir de Tour de France ?
Mon meilleur souvenir, c'est à la Planche des Belles Filles, dans les Vosges. Comme c'est une montée qui se termine en « cul-de-sac », les coureurs redescendent après l'étape parmi les supporters. Une année, André Greipel a aperçu un barbecue rempli de saucisses en redescendant dans le village. Bien que je ne comprenne pas un traître mot d'allemand, j'ai vite décelé qu'il en voulait une… Il nous a toutefois demandé de ne rien dire à son directeur sportif. Heureusement, il y avait une journée de repos le lendemain… Ça nous a bien fait rire…

Que vous évoque Eddy Merckx ?
Eddy Merckx est d'une autre génération, donc je n'ai pas de souvenirs de ses victoires, mais comme on compare tous les coureurs via leur nombre de victoires à la fin de leur carrière, il me semble qu'Eddy Merckx restera imbattable pour quelques années encore… Un Belge en plus ! On a les frites, la bière et Eddy Merckx !

« En 1 seul mot », le cyclisme pour vous, c'est______?

PASSIONNANT

LES FAVORIS

Coureur belge

— Tom Boonen.

Coureur étranger

— Peter Sagan.

Course

— Le Tour de France.

Maillot distinctif

— Le maillot à pois ou jaune, j'hésite...

Maillot d'équipe

— Sky aujourd'hui et Mapei autrefois.

TOP 3

Les plus belles Classiques du printemps ?

1. **Liège-Bastogne-Liège :** la doyenne, la plus longue, la plus difficile pour moi... Je suis de la région et je connais les montées et descentes... Sur la longueur, ils sont usés ! Ils doivent relancer sans cesse.

2. **Paris-Roubaix :** les pavés, qu'est-ce que ça doit être compliqué ! Sur la poussière ou sous la pluie et le froid, c'est de toute façon l'enfer !

3. **Tour des Flandres :** une course très tactique où le jeu d'équipe se déroule sur la longueur.

Les plus grands vainqueurs du Tour de France ?

1. **Lance Armstrong :** je suis de la génération Armstrong et je ne parviens pas à lui en vouloir d'avoir triché et volé des victoires aux autres. Qu'est-ce que ses efforts étaient beaux ! Gagner huit fois le Tour... On s'identifie toujours au champion qu'on admire, c'est pourquoi je ne parviens pas à le haïr...

2. **Alberto Contador :** il a attaqué jusqu'à la fin de sa carrière, essayant de remporter encore son dernier Tour. Il a été sali aussi par les affaires, mais bon, sur le vélo, ce sont tous des machines. Que les sponsors arrêtent de leur foutre la pression ! Contador était un battant et, en montagne, il avait une allure de grimpeur de dingue !

3. **Miguel Indurain :** c'est avec lui que j'ai suivi les premiers Tours intensément... Je me souviens de sa défaillance. J'aimais bien les coureurs de cette époque (Laurent Fignon, Pedro Delgado et Greg LeMond). Finalement, ça remonte déjà ! Les années défilent et laissent place à de nouveaux champions tels que Christopher Froome et, pour le futur, je pense à Romain Bardet.

Sébastien Demarbaix

Directeur sportif de l'équipe Wanty-Gobert – 19.12.1973

À quoi ressemblait votre tout premier vélo ?
C'était un petit vélo de course jaune. Je dois encore en avoir une photo ou l'autre quelque part à la maison.

Comment décririez-vous le Tour de France ?
Je trouve cela disproportionné, excessif... Tout y est multiplié par cent : les médias, les spectateurs, la pression (sur les coureurs, les managers, les organisateurs) et, bien sûr, les enjeux économiques.

Quel est votre meilleur souvenir du Tour de France ?
Une longue échappée de 140 km à cinq lors du Tour 2000, avec des gars comme Voigt, Dekker, Moerenhout...

Que représente Eddy Merckx à vos yeux ?
Eddy, il est gigantesque. Difficile de trouver d'autres adjectifs pour décrire sa carrière. En plus, c'est une personne qui a su rester simple et accessible.

Quelle a été votre première émotion en lien avec le vélo ?
Le titre de champion du monde de Claudy Criquielion en 1984. Je me souviens surtout de l'après ! Il a rendu toute une famille et tous ses proches supporters fous de joie ! Indéfinissable !

LES FAVORIS

Coureur belge

— Claudy évidemment !

Coureur étranger

— Je n'en ai pas, ou alors le duo Ullrich-Pantani, tant je détestais Armstrong et son arrogance.

Course

— La Flèche wallonne et Liège-Bastogne-Liège. Pour les souvenirs d'enfance avec mes parents pour soutenir Claudy.

Maillot distinctif

— Le maillot à pois. Il m'a manqué un point pour le porter en 2000.

Maillot d'équipe

— Mercatone Uno.

TOP 3

Les plus beaux cols du Tour de France ?

1. Le Galibier
2. L'Izoard
3. Le Ventoux

« En 1 seul mot », le vélo pour vous, c'est_____ ?

UNE PASSION

Sébastien Georis

Journaliste – 28.12.1979

À quoi ressemblait votre tout premier vélo ?
C'était un vélo de course Bianchi, avec sa légendaire peinture verte.

Que représente le Tour de France à vos yeux ?
Je dirais l'aventure ! Depuis l'époque des premiers « forçats de la route » enfourchant leurs bicyclettes rudimentaires avec des boyaux de rechange dans le dos, le Tour de France a bien changé. Il reste cependant un voyage dont la résonance historique et médiatique amène chaque coureur à repousser ses limites et à transformer trois semaines de course en aventure à la fois individuelle et collective.

Quel est votre meilleur souvenir du Tour de France ?
Marseille-La Grande Motte, lundi 6 juillet 2009. Le vent fouette la Camargue et les équipiers de Mark Cavendish, dont le Belge Maxime Monfort, profitent d'un changement de direction pour secouer le peloton. L'accélération est brutale et l'éventail très rapidement dressé. Fabian Cancellara, maillot jaune, et Lance Armstrong sautent dans les roues de l'équipe Columbia. Alberto Contador est piégé. Cavendish l'emporte, maillot vert sur les épaules. Effort individuel et collectif, force et stratégie, étape et classement général : le spectacle était à tous les étages.

Comment décririez-vous le vélo ?
Le vélo est un instrument de découverte, d'abord de son quartier, ensuite de régions plus lointaines. Il emmène le voyageur plus vite qu'une paire de bottines, mais plus lentement qu'un véhicule à quatre roues. Le vélo flâne et explore les chemins de traverse quand il n'est pas un outil d'exploration de ses limites physiques et mentales.

Quelle a été votre première émotion en lien avec le vélo ?
Le duel Frank Vandenbroucke-Michele Bartoli sur les pentes de la Redoute lors de Liège-Bastogne-Liège 1999. Le cyclisme, pour moi, c'est une passion, sans doute intimement liée à la famille, aux amis et à « nos » routes, celles de Liège-Bastogne-Liège en particulier.

TOP 3

Les plus grands champions du monde de tous les temps ?

1. Eddy Merckx
2. Rik Van Steenbergen
3. Rik Van Looy

Trois des plus grands champions cyclistes belges, plusieurs fois champions du monde.

Les plus grands vainqueurs du Tour de France ?

1. Eddy Merckx
2. Jacques Anquetil
3. Bernard Hinault

Ils ont remporté cinq Tours de France et ont marqué leur sport au-delà de cette prouesse.

LES FAVORIS

Coureur belge
— Philippe Gilbert.

Coureur étranger
— Peter Sagan.

Course
— Paris-Roubaix.

Maillot distinctif
— Le maillot jaune.

Maillot d'équipe
— Molteni.

« En 1 seul mot », Eddy Merckx pour vous, c'est_____?

UNE PAGE D'HISTOIRE

Benoît Bouchez

Photographe – 29.12.1969

À quoi ressemblait votre tout premier vélo ?
C'était un vélo de course Peugeot.

Que représente pour vous le Tour de France ?
Pour moi, le Tour de France, c'est la ferveur populaire, la beauté des paysages. C'est tout simplement fantastique !

Quel est votre meilleur souvenir du Tour de France ?
J'apprécie surtout les étapes de montagne, comme celles qui se déroulent à l'Alpe d'Huez.

Une anecdote à propos d'Eddy Merckx ?
Merckx a remporté son premier Tour de France l'année de ma naissance. C'est bien la preuve qu'il est le meilleur ;-)

Que représente le vélo pour vous ?
L'évasion, un moyen d'évacuer son stress, la liberté...

Quelle a été votre première émotion en lien avec le vélo ?
Le maillot à pois de Van Impe en 1976.

« En 1 seul mot »,Eddy Merckx pour vous, c'est_____?

CANNIBALE

LES FAVORIS

Coureur belge

— Merckx.

Coureur étranger

— Greg LeMond.

Course

— Paris-Roubaix.

Maillot distinctif

— Le maillot vert.

Maillot d'équipe

— Mapei.

TOP 3

Les plus belles Classiques du printemps ?

1. Paris-Roubaix
2. Tour des Flandres
3. Liège-Bastogne-Liège

Les plus grands vainqueurs du Tour de France ?

1. Merckx
2. LeMond
3. Hinault

JANVIER

01

02

Décès de Fausto Coppi (1960)

Anniversaire d'Imerio Massignan (1937) ; maillot à pois en 1960 et 1961

03

Anniversaire d'Alessandro Petacchi (1974) ; maillot vert en 2010

04

09

10

Anniversaire de Bernard Thévenet (1948) ; maillot jaune en 1975 et 1977

Anniversaire de Jesús Loroño (1926) ; maillot à pois en 1953

11

Anniversaire de Claudy Criquielion (1957)

12

17

18

Anniversaire de Thor Hushovd (1978) ; maillot vert en 2005 et 2009

Anniversaire de Bernard Vallet (1954) ; maillot à pois en 1982

19

20

25

26

Anniversaire de François Faber (1887) ; vainqueur du Tour en 1909

Anniversaire de Peter Sagan (1990) ; maillot vert de 2012 à 2016 et en 2018

27

28

05

06

Anniversaire de Michel Dernies (1961)

07

08

Anniversaire de Jacques Anquetil (1934) ; maillot jaune en 1957 et de 1961 à 1964

13

Anniversaire de Marco Pantani (1970) ; maillot blanc en 1994 et 1995, maillot jaune en 1998

14

Anniversaire de Juan Mauricio Soler (1983) ; maillot à pois en 2007

Anniversaire de Gert-Jan Theunisse (1963) ; maillot à pois en 1989

15

Reprise du sport après les fêtes

16

Anniversaire de Dirk De Wolf (1961)

Anniversaire de Roger Lapébie (1911) ; maillot jaune en 1937

21

Journée du câlin

22

Anniversaire d'Henri Pélissier (1889) ; maillot jaune en 1923

23

24

29

30

31

Adrien Joveneau

Animateur – producteur
– 06.01.1960

Quel est votre meilleur souvenir du Tour de France ?
21 juillet 1969 : la victoire d'Eddy commentée par Luc Varenne.

À quoi ressemblait votre tout premier vélo ?
C'était un vélo vert avec, accrochées à la fourche, des pinces à linge et des cartes à jouer qui claquaient sur les rayons... J'avais ainsi l'illusion d'être Joël Robert domptant sa moto.

Que représente Eddy Merckx à vos yeux ?
La classe : la classe des grands sur le vélo, la classe des seigneurs en dehors de la sphère cycliste.

Comment décririez-vous le vélo et le cyclisme ?
Le vélo, c'est un formidable moyen d'évasion, tandis que le cyclisme réunit l'effort et le plaisir.

Quelle a été votre première émotion en lien avec le vélo ?
Saint-Nicolas venu le déposer chez ma bonne-maman pour mes 6 ans.

TOP 3

Les plus grands vainqueurs du Tour de France ?

1

Merckx : le plus grand.

2

Indurain : Viva España !

3

Van Impe : cocorico, un grimpeur belge !

LES FAVORIS

Coureur belge
— Eddy Merckx.

Coureur étranger
— Raymond Poulidor, la force des seconds.

Course
— Liège-Bastogne-Liège.

Maillot distinctif
— Le maillot jaune.

Maillot d'équipe
— Le maillot Molteni pour les anciens et celui de Quick-Step aujourd'hui.

« En 1 seul mot », le Tour de France pour vous, c'est______?

L'ÉPREUVE REINE

Maxime Monfort

Coureur cycliste (Lotto-Soudal) – 14.01.1983

Pourquoi choisir « prestigieux » pour décrire le Tour de France ?

Parce que c'est la seule course qui est connue par les gens qui ne sont pas passionnés de cyclisme et parce que c'est la course qu'on a envie de faire quand on est jeune coureur.

Quel est votre meilleur souvenir du Tour de France ?

Il y en a beaucoup, mais je dirais quand même le Galibier 2011 avec Andy. Nous n'étions pas forcément dans les meilleures conditions pour faire quelque chose sur ce Tour-là, mais finalement, grâce à une tactique audacieuse, nous avons réussi à renverser la tendance et à écrire une page du Tour.

Que représente Eddy Merckx à vos yeux ?

C'est le plus grand coureur cycliste de tous les temps. Les années passent, mais personne n'est encore arrivé à égaler son palmarès. Certes, on peut dire que c'était une autre époque et que les choses sont aujourd'hui différentes ou plus difficiles, mais ça n'enlève rien au palmarès qu'il s'est forgé.

Comment décririez-vous le vélo et le cyclisme ?

Le vélo, c'est ma passion. Cette passion, je l'ai découverte par hasard car le vélo n'était pas forcément dans les gènes de la famille. J'ai réussi à en faire mon métier et je m'estime chanceux par rapport à cela. L'amour que j'ai pour ce sport est un peu indescriptible. Je considère le cyclisme comme une école de la vie. C'est un sport noble et beau. En plus, il est accessible à tout le monde, chacun à son niveau bien sûr. Je crois toutefois que tout le monde a eu l'occasion de ressentir la difficulté que peut représenter le cyclisme, mais aussi la joie de la liberté qu'il peut offrir.

Quelle a été votre première émotion en lien avec le vélo ?

Je dirais le Tour de France 1993. J'avais 10 ans et j'ai eu l'occasion d'y aller avec des amis qui connaissaient bien le milieu. À l'époque, j'ai pu suivre le prologue au Puy du Fou dans la voiture de Jean-Marie Leblanc, le père de John. C'est assez marrant qu'on se soit retrouvé vingt-cinq ans plus tard.

À quoi ressemblait votre tout premier vélo ?

Le tout premier, c'était un genre de BMX. Il était rouge et c'est avec lui que j'ai roulé pour la première fois à deux roues. J'en ai encore de vagues souvenirs. On m'a dit que j'avais commencé à rouler super tôt. Je filais entre les tables du restaurant que tenaient mes parents et puis, assez vite, dans la cour du parking.

« En 1 seul mot », le Tour de France pour vous, c'est______?

PRESTIGIEUX

TOP 3

Les plus beaux maillots que vous ayez portés dans votre carrière ?

1

Le Leopard de 2011, sans hésitation.

2

Le Lotto de 2019.

3

Le Cofidis de 2007 ou 2008. Le maillot rouge qui a succédé au maillot « blanc bleu jaune ».

LES FAVORIS

Coureur belge

— Je dirais Frank Vandenbroucke parce qu'il roulait à l'époque où j'ai commencé à m'intéresser au vélo. Il crevait l'écran, c'était beau à voir. J'avais 17 ans et Frank était au sommet. Il a connu une fin tragique, mais c'était un coureur extrêmement talentueux qui n'a peut-être pas su gérer sa notoriété, je ne sais pas...

Maillot d'équipe

— À une époque, j'ai beaucoup aimé le maillot Telekom, le rose avec Telekom écrit en blanc. J'aime aussi beaucoup le maillot Leopard que j'ai porté en 2011. Turquoise, noir et blanc, il était très sobre.

Ludivine Henrion

Ancienne coureuse cycliste, deux fois championne de Belgique sur route – 23.01.1984

À quoi ressemblait votre tout premier vélo ?

Mon premier vélo de course est toujours dans le garage chez mes parents. C'était un vélo bleu acheté dans un magasin aux Pays-Bas.

Quel est votre meilleur souvenir du Tour de France ?

À l'âge de 15 ans, je suis partie voir un contre-la-montre du Tour à vélo. Il se déroulait à Reims et j'y étais allée avec les coureurs de 14 à 16 ans du Team Cycliste de Hesbaye. Le voyage nous avait pris plusieurs jours et nous dormions dans des campings. Pendant que les papas et les enfants roulaient d'étape en étape, les mamans préparaient les tentes et le souper. Tout était prêt quand nous arrivions sur place. Ce fut une superbe expérience qui se termina en apothéose avec le contre-la-montre.

Que représente Eddy Merckx à vos yeux ?

C'est une légende. Il a le plus gros palmarès et je ne pense pas que quelqu'un puisse l'égaler un jour vu que le cyclisme a beaucoup changé depuis.

Comment définiriez-vous le vélo ?

Le vélo, c'est toute ma vie. Je suis dedans depuis que je suis née et même avant puisque j'ai été « fabriquée » pendant que mon père était en stage de vélo. Mon père, mes oncles, mes frères et mon compagnon ont roulé à vélo également. Après ma carrière, je suis restée dans le vélo et j'y suis toujours actuellement, dans l'équipe Royal Vélo Club Ottignies. Récemment, j'ai aussi été nommée coach des femmes à la Fédération wallonne. Le vélo, c'est aussi une bouffée d'oxygène. Ce sport permet de bouger, ce qui fait parfois du bien au moral.

Quelle a été votre première émotion en lien avec le vélo ?

Ma première course officielle. Le stress, l'inconnu et l'envie de bien faire. Nous étions 19 au départ. J'étais la seule fille et j'ai fini deuxième.

« En 1 seul mot », le Tour de France pour vous, c'est_____?

MAILLOT JAUNE

LES FAVORIS

Coureur belge

— Johan Museeuw.

Coureur étranger

— Miguel indurain.

Course

— La Flèche wallonne.

Maillot distinctif

— le maillot de champion de Belgique.

Maillot d'équipe

— Celui d'Education First.

TOP 3

Les plus grandes équipes cyclistes de tous les temps ?

1. **Mapei :** à l'époque, ils ont tout gagné et leur triplé à Paris-Roubaix reste impressionnant.
2. **Sky :** ils ont un peu révolutionné le cyclisme.
3. **Lotto :** ils sont depuis très longtemps dans le peloton.

Les plus belles expressions du monde du vélo ?

1. **« Être dans le *grupetto* » :** être là où on parle avec des gens avec qui on ne parlerait peut-être jamais, où on a parfois le temps d'admirer le paysage...
2. **« Répondre avec les pédales » :** ma façon de faire quand les choses n'allaient pas comme il fallait.
3. **« Chasse-patate » :** juste parce que j'aime bien cette expression...

FÉVRIER

01

02

03

Anniversaire de Stan Ockers (1920) ; maillot vert en 1955 et 1956

04

Anniversaire de Nairo Quintana (1990), maillot à pois en 2013, maillot blanc en 2013 et 2015

09

10

11

Anniversaire d'Eric Vanderaerden (1962) ; maillot vert en 1986

12

17

Anniversaire de René Vietto (1914) ; maillot à pois en 1934

18

Décès de Claudy Criquielion (2015)

19

20

Anniversaire de Charles Pélissier (1903) ; 16 victoires d'étape

25

26

27

Anniversaire d'André Leducq (1904) ; maillot jaune en 1930 et 1932

28

Anniversaires de Djamolidine Abdoujaparov (1964) et de Claudio Chiappucci (1963) ; respectivement maillot vert en 1991, 1993 et 1994 et maillot à pois en 1991 et 1992

05

Anniversaire de Samuel Sánchez (1978) ; maillot à pois en 2011

06

Journée mondiale sans téléphone mobile

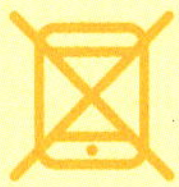

07

08

13

Anniversaire de Freddy Maerten (1952) ; maillot vert en 1976, 1978 et 1981

14

Décès de Marco Pantani (2004)

Anniversaire de Cadel Evans (1977) ; maillot jaune en 2011

15

Anniversaire d'Antonin Magne (1904) ; maillot jaune en 1931 et 1934

Anniversaire d'Óscar Freire (1976) ; maillot vert en 2008

16

21

22

23

24

29

Loïc Hennaux

Coureur de cyclo-cross – 12.02.1996

À quoi ressemblait votre tout premier vélo ?
C'était un B'Twin rouge, 20 pouces, type VTT, avec un casque bleu enfant qui n'a pas survécu longtemps…

Comment décririez-vous le Tour de France ?
Pour moi, c'est la plus grande épreuve du sport cycliste, la plus réputée. Elle rassemble aussi bien les fans de cyclisme que les moins connaisseurs.

Quel est votre meilleur souvenir du Tour de France ?
Lors du Tour 2013, j'étais en vacances dans le sud de la France. Je suis monté dans la flèche d'un Manitou d'un ami et j'ai pu assister au passage des coureurs perché à dix mètres au-dessus du peloton.

Que représente le vélo pour vous ?
Le vélo, c'est toute mon éducation. J'ai commencé très jeune à rouler à deux roues. Bien évidemment, la vie de compétiteur est faite de hauts et de bas. Le vélo est un sport dur et ingrat. J'ai appris à me connaître physiquement et mentalement dans les beaux moments, comme dans les phases plus compliquées. C'est une chose dont je suis fier et qui m'a formé. Papa me disait : « La place en compétition ce week-end, tu la gagnes aujourd'hui à l'entraînement, en te faisant mal, pas dimanche durant la course. »

Quelle a été votre première émotion en lien avec le vélo ?
Le partage. J'ai commencé la compétition à l'âge de 6 ans et demi en VTT. J'étais dans un club. J'ai beaucoup roulé avec mon père. Nous avons énormément partagé à travers ces sorties.

Comment définiriez-vous le cyclisme ?
Pour moi, le cyclisme, c'est forcément le cyclo-cross. C'est devenu ma spécialité au fil des années. J'ai pu rouler les plus belles courses du monde, comme le Koppenberg ou la coupe du monde de Namur. J'essaie de partager et faire connaître au mieux cette discipline totalement méconnue des Wallons. C'est un des plus beaux sports au monde, très spectaculaire et exigeant. On doit fournir un effort atypique, violent, qui change des longues courses sur route que les gens ont l'habitude de voir à la télévision. Le tout, par une météo capricieuse.

LES FAVORIS

Coureur belge

— Sven Nys.

Coureur étranger

— Peter Sagan.

Course

— Sur route, j'apprécie les courses flandriennes, animées par le vent et les pavés. Le Tour des Flandres est la plus belle selon moi. Si on parle de cyclo-cross, pour moi, la plus belle, c'est le Koppenberg.

Maillot distinctif

— Le maillot du meilleur grimpeur reflète souvent le meilleur baroudeur, obligé d'être à l'attaque tous les jours pour contrer les favoris qui gagnent les points au sommet.

Maillot d'équipe

— Le maillot Omega Pharma-Lotto de 2010 est un maillot marquant dans le milieu du cyclisme.

TOP 3

Les plus beaux « spots »/ circuits / lieux de cyclo-cross ?

1. **Le cross du Koppenberg**
2. **La coupe du monde de Namur**
3. **Spa-Francorchamps,** qui n'existe malheureusement plus depuis 2018.

Les coureurs ayant montré le plus de panache sur les routes du Tour de France ?

1. **Peter Sagan :** il a toujours osé l'attaque et nous propose souvent du spectacle. Peu importe le type d'arrivée.
2. **Thomas De Gendt :** un baroudeur à l'état pur, un des plus gros moteurs. Ses prestations et victoires sont toujours fabuleuses.
3. **Tony Martin** sur l'épreuve pavée il y a deux ou trois ans. Obligé de changer de vélo dans le final, il rentre et la gagne à nouveau. Sans parler de sa folle échappée avec Julian Alaphilippe durant 150 km.

« En 1 seul mot », Eddy Merckx pour vous, c'est_____?

UN MYTHE

François Zaleski

Journaliste – 16.02.1979

À quoi ressemblait votre tout premier vélo ?
C'était un BMX rouge. Je l'avais baptisé Tornado.

Comment définiriez-vous Eddy Merckx ?
Merckx est une légende vivante, le champion des champions, un mythe accessible, le témoignage d'un cyclisme d'autrefois, une volonté de fer, un habile mélange de détermination et de confiance en soi... Une fierté nationale !

Que représente le vélo à vos yeux ?
L'évasion. Le vélo, c'était mon premier moyen de locomotion. Ça me rappelle les après-midi chez les copains, le début d'une certaine forme d'indépendance, de liberté. Le cyclisme, c'est une passion. Lorsque j'étais adolescent, une course cycliste, c'était surtout l'occasion de faire une bonne sieste devant la télévision. Mais quand on comprend les stratégies, que l'on monte soi-même sur un vélo, que l'on apprend à connaître les coureurs, leurs spécificités, que l'on en vient à partager leurs douleurs ou leurs joies et que l'on a la chance de pouvoir faire tout ça pendant une journée de travail, alors le cyclisme devient une passion professionnelle.

Quel est votre meilleur souvenir du Tour de France ?
Le Tour de France, c'est avant tout une course, mais aussi une aventure sportive très exigeante, une épopée qui compte ses héros heureux ou malheureux. Pour nous, journalistes, c'est aussi une aventure humaine et professionnelle loin de chez nous, dans des conditions inhabituelles. On travaille sans filet et souvent sans recul, juste à l'émotion. Mon meilleur souvenir reste le premier Tour de France que j'ai couvert en 2007. Il s'élançait de Londres par un prologue. Je n'avais jamais vu autant de monde entassé derrière des barrières le long du *mall* qui mène à Buckingham Palace. Quelques minutes avant le départ, nous marchions sur le parcours. La foule était chauffée à blanc et nous a acclamé comme si nous étions Élisabeth II. J'ai compris ce jour-là la portée du Tour, même en dehors de ses frontières.

Quelle a été votre première émotion en lien avec le vélo ?
La souffrance. Un pneu plat, une réparation de fortune entre copains, un papillon mal serré, la roue avant qui se dérobe et, au final, une fracture de la mâchoire, 30 points de suture, deux dents cassées et une bonne dizaine d'interventions chirurgicales. J'avais 12 ans...

LES FAVORIS

Coureur belge

— Philippe Gilbert.

Coureur étranger

— Peter Sagan.

Course

— Paris-Roubaix.

Maillot distinctif

— Le maillot arc-en-ciel de champion du monde.

Maillot d'équipe

— Le maillot Molteni 1971.

TOP 3

Les plus belles expressions du monde du vélo ?

1. **« Descendre comme un fer à repasser » :** je trouve l'image très parlante.
2. **« Rouler en chasse-patate » :** ça me fait rire d'imaginer qu'on chasse une patate.
3. **« Partir en facteur »** pour son côté vieille France.

Les plus beaux cols du Tour de France ?

1. **Le mont Ventoux** parce que ses paysages lunaires le rendent unique, parce qu'il est chargé d'histoires, belles et moins belles.
2. **Le col du Galibier** parce qu'il est exigeant, qu'il semble interminable et qu'il me rappelle mes vacances en famille à Valloire.
3. **Le Tourmalet** parce qu'il fait partie intégrante de l'histoire du Tour. Col le plus souvent franchi par les coureurs, c'est un incontournable des Pyrénées. C'est aussi là-haut que j'ai vécu l'une des journées les plus froides de ma vie après avoir été pris dans un orage lors de notre ascension en télésiège pour rejoindre la zone technique.

« En 1 seul mot », le Tour de France pour vous, c'est_____ ?

L'AVENTURE

Laurent Bruwier

Journaliste – 18.02.1969

À quoi ressemblait votre tout premier vélo ?
C'était un vélo jaune de la marque Flandria avec un cintre droit. J'avais récupéré le vélo de mon cousin.

Quelle a été votre première émotion en lien avec le vélo ?
Le souvenir que je garde, c'est une randonnée avec mon père jusqu'à Hannut chez mes grands-parents, à travers la Hesbaye. Ça devait faire une soixantaine de kilomètres aller-retour. Je ne devais pas avoir 10 ans. J'étais complètement crevé en rentrant, mais incroyablement heureux.

Comment décririez-vous le Tour de France ?
C'est une aventure extraordinaire ! J'ai eu la chance de couvrir vingt et un Tour de France pour la RTBF. C'est une épreuve que l'on vit en équipe. En dispositif réduit ou avec un groupe important, c'est à chaque fois une aventure humaine pendant vingt-six jours. On vit avec ses collègues que l'on découvre différemment. On partage les galères et les moments de joie, mais on reste tous unis autour du même projet. C'est ce côté humain qui me plaît en plus de l'aspect sportif de la course.

Que pensez-vous d'Eddy Merckx ?
Merckx, c'est un gentleman. J'ai eu la chance de le rencontrer grâce à mon métier. Derrière le champion, j'ai découvert un grand monsieur avec un grand cœur et beaucoup d'humour.

Si vous deviez décrire le cyclisme en un seul mot, lequel choisiriez-vous ?
Sans doute le mot « passion ». J'ai grandi en regardant les épopées de Bernard Hinault face à Greg LeMond au Tour, j'ai regardé les Classiques avec Eric Vanderaerden ou Claude Criquielion. Les courses cyclistes étaient pleines de rebondissements et de défaillances, de joie et de larmes. C'était un spectacle que l'on essayait de reproduire ensuite entre nous en s'inventant notre propre « Tour de France » dans les rues du village.

LES FAVORIS

Coureur belge

— Merckx est hors concours... Philippe Gilbert.

Coureur étranger

— Vincenzo Nibali, il gagne sur tous les terrains.

Course

— J'aimerais vraiment découvrir le Giro, mais Liège-Bastogne-Liège reste la course de ma région et donc de mon cœur.

Maillot distinctif

— Le maillot de champion du monde.

Maillot d'équipe

— J'ai toujours trouvé le maillot Fassa Bortolo très beau avec ce contraste entre le blanc immaculé et le bleu lumineux.

TOP 3

Les plus grands champions du monde de tous les temps ?

1. **Eddy Merckx.**
2. **Peter Sagan,** parce qu'on ne l'attendait pas spécialement à Doha face aux purs sprinters et, qu'à Bergen, on ne l'a vu que 35 s de toute la journée, lorsqu'il a débordé le peloton...
3. **Rik Van Looy** qui, sans le coup fourré de Beheyt, aurait remporté un troisième titre.

Les plus grands vainqueurs du Tour de France ?

1. **Eddy Merckx :** il détient presque tous les records. Nombre de victoires d'étape, nombre de victoires finales, nombre de jours en jaune, etc.
2. **Bernard Hinault et Jacques Anquetil,** parce qu'ils détiennent le record de victoires. Hinault avait du panache. Il aimait la victoire. En plaine, dans les contre-la-montre ou au sommet, il s'est imposé partout. Il osait. Pour Anquetil, je ne peux pas dire que j'ai vibré en regardant ses victoires car je n'étais pas né, mais il a écrit une page de la légende du Tour...

« En 1 seul mot », le vélo pour vous, c'est______?

UN HOBBY

Martin Weynants

Journaliste – 18.02.1984

À quoi ressemblait votre tout premier vélo ?
C'était un BMX noir. J'ai même fait un camp vélo avec les louveteaux avec ce vélo.

Quelle relation entretenez-vous avec le Tour de France ?
Le Tour, c'est toute mon enfance. Tous les étés, je passais des heures dans le canapé à regarder les étapes du Tour, à ne pas manquer une miette de la course. En grandissant, j'ai appris à connaître les coureurs et à comprendre les tactiques d'équipe.

Quel est votre meilleur souvenir du Tour de France ?
Mon premier Tour en tant que journaliste. C'était la découverte d'un monde qui m'avait fait rêver, sportivement puis professionnellement.

Que représente Eddy Merckx à vos yeux ?
Un regret, celui de ne pas l'avoir vu rouler. J'ai dévoré les reportages concernant ses victoires, j'ai vécu beaucoup de grandes victoires belges en cyclisme, mais jamais je connaîtrai le Merckx coureur et les émotions que certains ont pu vivre grâce à lui.

En parlant d'émotions, quelle a été votre première émotion en lien avec le vélo ?
L'année 1996 de Johan Museeuw avec le triplé Mapei à Roubaix et puis le titre de champion du monde à Lugano, sur un terrain où il n'était pas favori.

Comment définiriez-vous le cyclisme ?
Je l'assimile depuis peu au triathlon. J'ai débuté ce sport il y a cinq ans environ et, du coup, j'ai acheté un vélo de course. J'ai commencé à rouler plus sérieusement et à enchaîner les kilomètres. J'ai découvert le vélo comme un sport et j'y ai pris goût.

LES FAVORIS

Coureur belge

— Tom Boonen.

Coureur étranger

— Paolo Bettini.

Course

— Paris-Roubaix.

Maillot distinctif

— Le maillot de champion du monde.

TOP 3

Les plus belles courses ?

1. **Paris-Roubaix :** c'est l'une des rares courses où il se passe toujours quelque chose. Les pavés, la pluie et le vent dessinent la course et écrivent à chaque fois un scénario inattendu.
2. **Le Tour des Flandres** pour l'ambiance, la foule massée sur le bord de ces routes étroites.
3. **Les championnats du monde** pour le côté atypique de la course, la seule disputée par équipe nationale.

Les coureurs ayant montré le plus de panache sur les routes du Tour de France ?

1. **Thomas De Gendt,** le maître des échappées. Le coureur de Lotto-Soudal est un « roule-toujours » qui se connaît mieux que personne et qui est capable de répéter les efforts jour après jour. Sa victoire au Ventoux reste un moment fort, même si elle a été occultée par le jogging de Froome dans l'ascension.
2. **Thor Hushovd :** bien avant Peter Sagan, c'est le premier sprinter qui s'est glissé dans les échappées en montagne.
3. **Greg Van Avermaet** et les maillots jaunes qui attaquent pour défendre leur bien de manière générale. Je me rappelle notamment de Cédric Vasseur. Plutôt que de s'économiser dans le peloton, ils ont préféré anticiper. Parfois avec succès comme Van Avermaet au lac de Payolle.

« En 1 seul mot », le vélo pour vous, c'est______?

LA CITADELLE

MARS

01

Anniversaire de Gastone Nencini (1930) ; maillot jaune en 1960, maillot à pois en 1957

02

Anniversaire de Roger Walkowiak (1927) ; maillot jaune en 1956

03

Anniversaire de Maurice Garin (1871) ; vainqueur du Tour en 1903

04

Journée internationale de la petite balle jaune

09

10

11

Anniversaire de Félicien Vervaecke (1907) ; maillot à pois en 1935 et 1937

12

Anniversaire de Louison Bobet (1925) ; maillot jaune de 1953 à 1955, maillot à pois en 1950

17

Saint-Patrick

18

Anniversaire de Rudi Altig (1937) ; maillot vert en 1962

19

Anniversaire de Léon Scieur (1888) ; maillot jaune en 1921

20

Printemps

25

26

27

Anniversaire de Tony Rominger (1961) ; maillot à pois en 1993

28

05

06

07

08

Journée internationale des droits de la femme

♀

13

Anniversaire de Fritz Schaer (1926) ; maillot vert en 1953

14

Anniversaire de Firmin Lambot (1886) ; maillot jaune en 1919 et 1922

15

16

21

Anniversaire d'Hugo Koblet (1925) ; maillot jaune en 1951

22

23

24

29

30

31

Anniversaire de Thierry Claveyrolat (1959) ; maillot à pois en 1990

Edward et Bernard

Créateurs du Mur – Coffee & Cycling (Huy) – 08.03.1963 & 05.05.1980

À quoi ressemblait votre tout premier vélo ?
E : C'était un vélo de ville bleu des années 60.
B : Un BMX diamond, rouge et gris, une pure merveille.

Comment décririez-vous le Tour de France ?
E : Pour moi, c'est l'épreuve sportive d'endurance la plus difficile au monde.
B : Moi, je dirais que c'est une épopée, parce que c'est une course de héros.

Quel est votre meilleur souvenir du Tour de France ?
E : La victoire de Wiggins.
B : Les échappées solitaires de Chiappucci.

Que représente Eddy Merckx à vos yeux ?
E : Une anomalie, parce qu'il est unique dans sa manière de gagner la course.
B : Pour moi, il incarne « LA » légende. Style, soif de victoire, palmarès, humilité.

Quelle a été votre première émotion en lien avec le vélo ?
E : La fierté ressentie lorsque j'ai roulé à vélo pour la première fois.
B : La douleur ressentie lorsque je suis tombé pour la première fois avec mon BMX. Bilan : genou écorché.

Si vous deviez choisir un mot pour décrire le cyclisme, lequel choisiriez-vous ?
E : La souffrance, parce que c'est un sport qui pousse l'être humain au-delà de ses limites.
B : La passion, parce qu'il génère en moi des sentiments puissants et parfois opposés.

LES FAVORIS

Coureur belge favori
E : Tom Boonen.
B : Philippe Gilbert.

Coureur étranger
E : Bradley Wiggins.
B : Mario Cipollini.

Course
E : Paris-Roubaix.
B : Liège-Bastogne-Liège.

Maillot distinctif
E : le maillot jaune.
B : le maillot à pois.

Maillot d'équipe
E : Mapei.
B : Sky (black).

« En 1 seul mot », le vélo pour vous, c'est_____?

LIBERTÉ

TOP 3

Les plus belles expressions du monde du vélo ?

1. **« Sticky bottle » :** un bidon tenu longtemps par le directeur de course dans la voiture.

2. **« Faire une bordure » :** parce que c'est le pire truc qui puisse t'arriver dans la vie si tu en es victime.

3. **La « petite reine » :** la plus poétique des expressions pour décrire le vélo.

Les plus beaux cols du Tour de France ?

1. E : **Ventoux**
B : **Tourmalet**

2. E : **Alpe d'Huez**
B : **Télégraphe**

3. E : **Planche des Belles Filles**
B : **Galibier**

Jean-Luc Fonck

Chanteur et humoriste – 09.03.1957

À quoi ressemblait votre tout premier vélo ?
Je crois qu'il était rouge avec des floches au guidon.

Quel est votre meilleur souvenir du Tour de France ?
Je ne sais plus en quelle année c'était, mais le Tour est arrivé à Forest. J'étais présent à l'arrivée. Il y avait encore deux demi-étapes à l'époque. Une étape en ligne qui arrivait devant Forest national et qui a été remportée, pour nous faire plaisir, par Eddy Merckx. Le sens du panache ! Il n'a pas gagné le contre-la-montre de l'après-midi dans les rues de Forest. Il aurait été ralenti par une ambulance qui était venue ramasser un coureur qui avait fait une chute. Sinon, évidemment qu'il aurait gagné. C'est tout de même Eddy Merckx !

Justement, en parlant de lui, comment le définiriez-vous ?
Merckx, c'est mon idole. Quand j'étais gamin, j'avais des posters et des articles de presse avec photos un peu partout dans ma chambre. C'était chouette parce que comme il gagnait tout le temps, il y avait plein d'articles sur lui un peu partout. Après, l'âge avançant, j'ai supprimé les posters d'Eddy pour les remplacer par des images et des posters du film *Emmanuelle* avec Sylvia Kristel… C'était pas le même genre…

Que représente le vélo à vos yeux ?
Un mystère. Je trouve que le type qui a eu l'idée de faire un bazar qui tient sur deux roues a eu un coup de génie. Ça ne me serait jamais venu à l'idée. En même temps, il fallait qu'on invente la roue d'abord. Je vois d'ici un homme préhistorique qui poursuit un mammouth à vélo avec les poils de sa peau de bête qui se prennent dans les rayons… Il a donc fallu attendre que les gens ne portent plus de peaux de bêtes avant d'inventer le vélo.

Quelle a été votre première émotion en lien avec le vélo ?
Quand on a enlevé les deux petites roues qui stabilisaient à l'arrière.

Un mot pour décrire le cyclisme ?
Courage. Je trouve ça incroyable : tu te lèves le matin et en avant, tu sais que tu vas avoir mal partout le soir et que tu vas recommencer le lendemain.

« En 1 seul mot », le Tour de France pour vous, c'est_____?

KRAFTWERK

TOP 3

Les plus belles courses ?

1. **Le Tour de France,** parce qu'on n'a jamais fait mieux.
2. **Le Tour de Magie,** parce qu'il est magique.
3. **Le Tour du Bloc,** parce qu'il est plus court. Enfin, ça dépend du bloc...

Les plus beaux lieux touristiques de France ?

1. **Le Ventoux,** parce que c'est le Ventoux et que les conditions climatiques sont toujours une surprise. Neige, brouillard, pluie, vent... Tout quoi !
2. **Pigalle,** mais ça n'a rien à voir...
3. **Le Tourmalet...** À cause de son nom.

LES FAVORIS

Coureur belge

— Eddy Merckx sans hésiter.

Coureur étranger

— Zoetemelk à cause de son nom.

Course

— Le Tour de France.

Maillot distinctif

— Le maillot à pois...

Maillot d'équipe

— Les maillots Faema d'Eddy.

Jeroen Van Schelven

Gérant du Coffee Ride (Stavelot) – 16.03.1987

À quoi ressemblait votre tout premier vélo ?
C'était un Vitas Bike, un VTT 24 pouces et 6 vitesses.

Que représente le Tour de France à vos yeux ?
Une épreuve grandiose. C'est la plus grande course cycliste médiatisée au monde, et sans doute celle qui a la plus belle histoire.

Quel est votre meilleur souvenir du Tour de France ?
Je n'ai pas nécessairement de meilleur souvenir, mais j'apprécie les belles étapes à bordure en début de Tour où les coureurs de classement se font piéger et les baroudeurs se mêlent et s'allient avec les coureurs de classement.

Comment définiriez-vous Eddy Merckx ?
Il mérite bien son surnom de « Cannibale ». Pas besoin de faire un dessin, il a tout gagné !

Quelle a été votre première émotion en lien avec le vélo ?
Indurain au Tour de France avec le maillot jaune.

Un mot pour décrire le cyclisme ?
Fou ! C'est fou car c'est un sport qui demande énormément d'entraînement, de sacrifice, de risques et de réussite pour pouvoir remporter la victoire. Au foot, par exemple, on a une chance sur deux de remporter la victoire.

« En 1 seul mot », le vélo pour vous, c'est______?

LIFESTYLE

LES FAVORIS

Coureur belge

— Tom Boonen, par sa classe, sa simplicité et sa zen attitude.

Coureur étranger

— Thor Hushovd, par le fait que c'est un pur baroudeur, un sprinter qui s'est montré dans les sprints, les Classiques et les grands Tours.

Course

— Paris-Roubaix, à égalité avec le Tour des Flandres.

Maillot distinctif

— Le maillot jaune.

Maillot d'équipe

— Education First.

TOP 3

Les plus grands champions du monde de tous les temps ?

1. Eddy Merckx
2. Lance Armstrong
3. Tom Boonen

Les meilleurs grimpeurs du Tour de France ?

1. Lance Armstrong
2. Christopher Froome
3. Marco Pantani

Noël Grégoire

Collectionneur – 19.03.1959

À quoi ressemblait votre tout premier vélo ?
J'ai eu d'abord un tricycle, puis un « mini-vélo ».

Que vous évoque le Tour de France ?
Le Tour de France, c'est une légende. À travers les époques, il s'y est passé de nombreux exploits, de nombreux retournements de situation (surtout dans le passé), malheureusement aussi de nombreux drames ! Et puis la traversée de la France en juillet, c'est tout simplement magique ! C'est cet ensemble qui fait la légende du Tour.

Quel est votre meilleur souvenir du Tour de France ?
Le passage du Tour 1969 à dix kilomètres de chez moi, dans la côte de Daverdisse, lors de la troisième étape Maastricht-Charleville-Mézières. J'avais 10 ans et mes yeux de gamin ont brillé devant ce spectacle que je découvrais !

Que représente Eddy Merckx selon vous ?
C'est un patrimoine pour nous Belges ! Au même titre que Brel, Tintin et d'autres, Eddy c'est la Belgique ! Grâce à ce grand monsieur d'une très grande humilité, je suis fier d'être belge ! Le vélo, pour moi, c'est une vraie passion. Nous sommes un pays de tradition cycliste et nous avons toujours été un fabuleux réservoir à champions. Pour s'en convaincre, il suffit de consulter les palmarès depuis le début des années 1900. C'est la raison pour laquelle j'ai voulu créer un musée du cyclisme à Lavaux-Sainte-Anne. J'y avais rassemblé des souvenirs et des objets ayant appartenu aux champions de chez nous et d'ailleurs, toutes époques confondues. Aujourd'hui, en 2019, mes collections (dont je suis toujours propriétaire !) sont protégées et exposées au KOERS – Museum van de Wielersport à Roulers.

Quelle a été votre première émotion en lien avec le vélo ?
Le passage du Tour 1969 dans ma région.

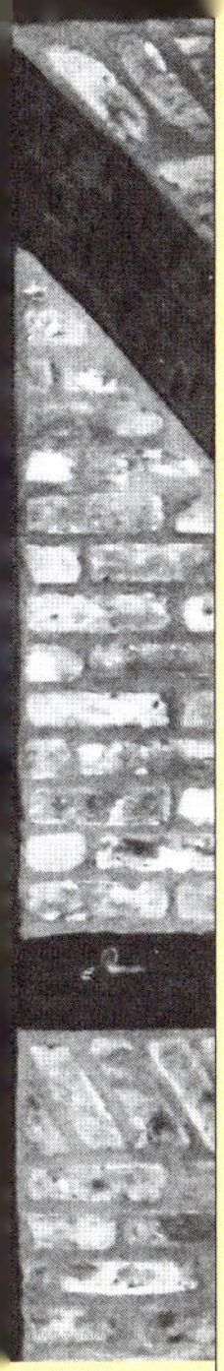

LES FAVORIS

Coureur belge

— Notre Eddy national.

Coureur étranger

— Gino Bartali.

Course

— Le Giro d'Italia.

Maillot distinctif

— Le maillot du Grand Prix de la montagne.

Maillot d'équipe

— Le « BIC ».

TOP 3

Les plus belles Classiques du printemps ?

1. **Le Tour des Flandres :** la grand-messe des courses d'un jour !
2. **Milan-San Remo :** le premier grand rendez-vous de l'année !
3. **Paris-Roubaix :** une course d'un autre temps !

Les plus grands vainqueurs du Tour de France ?

1. **Eddy Merckx :** c'est le plus grand, tout simplement.
2. **Fausto Coppi :** malgré une rude opposition, il dominait son époque.
3. **Luis Ocaña :** le premier qui réussit à « mater » le grand Eddy !

« En 1 seul mot », le cyclisme pour vous, c'est_____?

PASSION

Ronald Gobert

Administrateur délégué du Groupe Gobert – 21.03.1980

À quoi ressemblait votre tout premier vélo ?
C'était un vélo de course que je suis allé choisir avec mes parents.

Quel est votre meilleur souvenir du Tour de France ?
Le grand départ à Düsseldorf en 2017 qui coïncide avec la première participation de Wanty-Gobert sur le Tour. Participer au Tour de France avec notre équipe était un rêve qui se réalisait sous mes yeux. Le Tour, c'est une attention médiatique hors du commun, une ferveur populaire, la découverte d'un patrimoine et de paysages fantastiques, une performance sportive admirable !

Que représente Eddy Merckx à vos yeux ?
Merckx, c'est la Belgique ! Il est toujours la légende qu'il a été, unanimement reconnu et apprécié des deux côtés de la frontière linguistique. C'est époustouflant !

Comment décririez-vous le cyclisme ?
Pour moi, le cyclisme, c'est un dépassement de soi. La performance découle d'une abnégation de tous les jours, de tous les instants. Quant au vélo, il symbolise la liberté. C'est souvent le premier moyen de locomotion que vous utilisez seul, il fait découvrir l'autonomie.

Quelle a été votre première émotion en lien avec le vélo ?
Jeune, il me permettait de me balader, de rejoindre mes potes du village.

LES FAVORIS

Coureur belge
— Tom Boonen.

Coureur étranger
— Peter Sagan.

Courses préférées
— Paris-Roubaix et le Tour de France.

Maillot distinctif
— Le maillot à pois.

Maillot d'équipe
— Le maillot de Wanty-Gobert de 2014, au début de l'aventure.

TOP 3

Les plus belles expressions du monde du vélo ?

1. « Avoir la frite. »
2. « Se faire péter les varices. »
3. « Sauter dans la roue. »

Les plus grandes équipes de tous les temps du Tour de France ?

1. Banesto
2. Renault-Gitane
3. Z

« En 1 seul mot », le Tour de France pour vous, c'est______?

MAGIQUE

Axel Mestdagh

Coordinateur ressources humaines – 25.03.1979

À quoi ressemblait votre tout premier vélo ?
Je n'en ai malheureusement aucun souvenir.

Que représente pour vous le Tour de France ?
Une grande fête sportive et populaire. C'est un événement sportif unique en son genre où le public et les fans peuvent être proches des plus grands champions dans leur discipline, et ce gratuitement. C'est du plaisir pour les yeux, la découverte du magnifique pays qu'est la France, et cela permet de voyager à des personnes qui n'en ont pas l'occasion.

Quel est votre meilleur souvenir du Tour de France ?
C'était en 1992. J'avais 13 ans et mon père m'a emmené au départ d'une étape à Bruxelles.

Que pensez-vous d'Eddy Merckx ?
Merckx était un coureur qui ne calculait pas et jouait la gagne à chaque départ d'une course, du début à la fin de la saison.

Comment décririez-vous le cyclisme ?
Pour moi, le cyclisme, c'est être en contact avec la nature, se faire mal, vivre des émotions en groupe ou en solo.

Quelle a été votre première émotion en lien avec le vélo ?
Les balades sous le soleil avec mes parents.

LES FAVORIS

Coureur belge

— Eddy Merckx, mais je n'ai malheureusement pas pu assister à son épopée. De ma génération, le meilleur reste Johan Museeuw.

Coureur étranger

— Fabian Cancellara.

Course

— le Tour des Flandres.

Maillot distinctif

— le maillot jaune.

Maillot d'équipe

— Mapei pour les anciens et Bora aujourd'hui.

TOP 3

Les plus grands vainqueurs du Tour de France ?

1. Eddy Merckx
2. Miguel Indurain
3. Alberto Contador

Les plus belles Classiques du printemps ?

1. Tour des Flandres
2. Paris-Roubaix
3. Liège-Bastogne-Liège

« En 1 seul mot », Eddy Merckx pour vous, c'est______?

LE MEILLEUR

AVRIL

01

Anniversaire de
Jean Alavoine (1888) ;
17 victoires d'étape

Poisson d'avril

02

03

Anniversaire de
Bjarne Riis (1964) ;
maillot jaune en 1996

04

09

10

11

12

17

18

19

20

25

26

27

Anniversaire de
Pedro Torres (1949) ;
maillot à pois en 1973

28

Anniversaire de
Lucien Aimar (1941) ;
maillot jaune en 1966

Anniversaire de
Bradley Wiggins (1980) ;
maillot jaune en 2012

05

Anniversaire de Willy Planckaert (1944) ; maillot vert en 1966

06

07

08

Anniversaire de Julián Berrendero (1912) ; maillot à pois en 1936

13

Anniversaire d'Olaf Ludwig (1960) ; maillot vert en 1990

14

Première édition de Milan-San Remo (1907)

15

Anniversaire de Pedro Delgado (1960) ; maillot jaune en 1988

Anniversaire de Raymond Poulidor (1936) ; 8 podiums

16

21

Journée mondiale du cirque

22

Anniversaire de Carlos Sastre (1975) ; maillot jaune en 2008

23

24

Anniversaire d'André Darrigade (1929) ; maillot vert en 1959 et 1961

29

30

Lise Burion

Journaliste – 01.04.1981

Pourquoi associer le Tour de France à l'été ?
Parce que je me revois parfaitement rentrer du jardin au salon, alors qu'il faisait plein soleil dehors, pour regarder les arrivées d'étapes à la télé. Au grand dam de mes parents qui ne comprenaient pas vraiment que je préfère m'enfermer (et me coller, en short, sur le divan en cuir) plutôt que de profiter du soleil.

À quoi ressemblait votre tout premier vélo ?
Le premier souvenir réel, c'est un vélo rose amené par les Cloches, mais mon premier vélo d'amour (et qui a fort bien vécu), c'était un BMX doré avec des petits rembourrages noirs et, SURTOUT, un frein torpédo.

« En 1 seul mot », le Tour de France pour vous, c'est______?

L'ÉTÉ !

Quel est votre meilleur souvenir du Tour de France ?
L'arrivée de l'étape au sommet du col du Galibier en 2011. Un lieu majestueux pour travailler et une chevauchée fantastique d'Andy Schleck comme on en voit désormais assez rarement…

Quelle a été votre première émotion en lien avec le vélo ?
La première, c'est difficile à dire, mais il y a toujours une émotion très particulière quand on vit (ou qu'on voit simplement à l'écran) une chute dans une course. Celle de Rik Verbrugghe au Tour 2006, de Philippe Gilbert au Tour 2018, ces moments où on n'a aucune nouvelle et où on croise les doigts pour que tout aille le mieux possible… On avait aussi vécu en direct depuis la rédaction la chute mortelle de Wouter Weylandt sur le Giro 2011… Grosse tristesse.

Que représente le cyclisme à vos yeux ?
Le sport le plus accessible. Vous en connaissez encore beaucoup des sports professionnels à grosse audience qui restent accessibles à tous, gratuitement, simplement en s'installant en bord de route ? Et des sportifs pros qui rencontrent leurs fans sans barrières, avant et après les compétitions ?

TOP 3

Les plus belles courses ?

1. **Paris-Roubaix :** sa dramaturgie éternelle, ses coups du sort et ses coureurs vidés, lessivés, mais tellement libérés quand ils arrivent au Vélodrome…

2. **La course en ligne du championnat du monde.** Tout l'inverse de Roubaix, avec un parcours qui change chaque année. Avec, du coup, tous les types de coureurs qui peuvent rêver du titre, selon les années… Et puis une course par équipes nationales… Ça donne souvent un scénario intéressant à suivre et des dénouements parfois surprenants !

3. **La Flèche wallonne… féminine.** Cette ambiance de stade de foot dans le Mur de Huy, qui accueille aussi les dames, sur la même route, avant la course messieurs. Cela doit donner des frissons qu'elles méritent tout autant !

LES FAVORIS

Coureur belge

— De tous les temps, c'est difficile à dire, mais dans le peloton actuel, outre Philippe Gilbert et sa classe incomparable, ou encore Tim Wellens et sa disponibilité souriante, mon coup de cœur s'appelle Jens Keukeleire… C'est inexplicable, c'est mon « chouchou ». Peut-être parce que mon premier souvenir d'interview avec lui me fait toujours sourire. C'était juste avant son premier Tour de France, en 2014. Et je me souviens parfaitement qu'il sentait… la lessive !

Coureur étranger

— Alberto Contador.

Course

— Paris-Roubaix.

Maillot distinctif

— Celui de champion de Belgique, le plus classe des maillots nationaux !

Maillot d'équipe

— Le maillot La Vie Claire (puis équipe Toshiba). Je ne l'ai pas vraiment connu sur la route mais son côté « artistique » qui rappelle Mondrian est fascinant…

Stéphane Thirion

Journaliste – 25.04.1966

À quoi ressemblait votre tout premier vélo ?
C'était un Raleigh bleu.

À quoi vous fait penser le Tour de France ?
Au mois de juillet. C'est la plus grande course du monde disputée pendant les vacances d'été. Ça m'évoque des parfums et des souvenirs inimitables.

Quel est votre meilleur souvenir du Tour de France ?
La victoire d'étape de Philippe Gilbert en Vendée (2011).

Que représente Eddy Merckx à vos yeux ?
Le meilleur de tous les temps. Pas besoin de se justifier, les chiffres parlent d'eux-mêmes...

Comment décririez-vous le vélo ?
C'est le plus beau sport. Il demande un certain effort physique, il ne faut pas le cacher, mais il procure aussi un énorme sentiment de liberté à celles et ceux qui le pratiquent comme loisir.

Quelle a été votre première émotion en lien avec le vélo ?
La chute d'Ocaña dans le col de Menté (Tour 1971).

« En 1 seul mot », le cycliste pour vous, c'est______?

LA LIBERTÉ

LES FAVORIS

Coureur belge
— Eddy Merckx.

Coureur étranger
— Bernard Hinault.

Maillot d'équipe
— Faema.

TOP 3

Les plus belles expressions du monde du vélo ?

1. **« Se mettre dans le rouge » :** cela évoque l'effort intense, le dépassement de soi, le sang, le vin…

2. **« Mettre un dent de moins » :** attaquer ou surprendre sur un détail mécanique très important en cyclisme.

3. **« Avoir la selle dans le cul » :** être cuit, incapable de se mettre en danseuse, rester assis.

Sébastien Grignard

Coureur cycliste U23 (Lotto-Soudal) – 29.04.1999

À quoi ressemblait votre tout premier vélo ?
Mon tout premier vélo, auquel on avait attaché deux petites roues, était bleu et, déjà à mon plus jeune âge, je faisais des tours et des tours sur notre terrasse.

Comment définiriez-vous le Tour de France ?
Je dirais que c'est le commencement. C'est grâce à cette épreuve que je me suis intéressé au vélo et c'est en allant voir l'arrivée sur les Champs Élysées que j'ai su que je voulais commencer les compétitions cyclistes.

Quel est votre meilleur souvenir du Tour de France ?
Avoir été voir l'arrivée sur les Champs Élysées.

Que représente le vélo à vos yeux ?
Énormément de souvenirs. Depuis que je suis petit, j'ai plein de souvenirs à vélo et depuis que j'ai commencé les compétitions, j'ai vécu quantité de très beaux moments grâce au vélo.

Quelle a été votre première émotion en lien avec le vélo ?
J'ai toujours aimé faire du vélo pour la sensation de liberté qu'il procure.

Un mot pour définir le cyclisme ?
Le cyclisme, c'est mon quotidien. C'est un sport qui se vit tous les jours, qui demande des sacrifices chaque jour, mais je prends aussi presque tous les jours beaucoup de plaisir à aller m'entraîner, même s'il y a parfois des périodes plus compliquées.

LES FAVORIS

Coureur belge

— Tom Boonen.

Coureur étranger

— Michal Kwiatkowski.

Course

— Paris-Roubaix.

Maillot distinctif

— Celui de champion du monde.

Maillot d'équipe

— Leopard-Trek.

TOP 3

Les plus beaux maillots que vous ayez portés ?

1. **Le maillot de champion de Belgique,** car c'est particulier de rouler dans le maillot national, surtout dans un pays comme le nôtre.
2. **Le maillot de l'équipe nationale,** car c'est une fierté de représenter son pays sur les courses importantes. De plus, c'est le maillot national le plus beau.
3. **Le maillot Lotto-Soudal,** car c'est un honneur de pouvoir rouler dans les mêmes couleurs de cette équipe World Tour.

Les meilleurs spécialistes du contre-la-montre ?

1. **Tony Martin :** j'associe depuis toujours cet exercice à ce coureur car lorsque j'ai commencé à m'intéresser au vélo c'est lui qui survolait tous les contre-la-montre.
2. **Fabian Cancellara :** c'est sûrement la plus grosse machine à rouler de ces dernières années, que ce soit dans les contre-la-montre, mais aussi dans les courses en ligne.
3. **Bradley Wiggins :** car c'est grâce à son excellent contre-la-montre qu'il a gagné la plupart de ses courses, notamment des médailles olympiques en poursuite, mais aussi son Tour de France.

« En 1 seul mot », Eddy Merckx pour vous, c'est_____?

UNE LÉGENDE

Olivier Kaisen

Directeur sportif de l'équipe Wallonie Bruxelles – 30.04.1983

À quoi ressemblait votre tout premier vélo ?
Je me souviens d'un VTT vert et mauve avec des petits points brillants (ce n'était sans doute pas mon premier vélo).

Quel est votre meilleur souvenir du Tour de France ?
Quand j'étais « petit » et qu'avec mes parents on allait voir le Tour de France dans les étapes de montagne durant nos vacances.

Que représente Eddy Merckx à vos yeux ?
Une légende. Il a le plus grand palmarès de l'histoire du cyclisme, mais est resté « simple ».

Comment définiriez-vous le vélo ?
Le vélo, c'est un bon moyen de transport. Non seulement, il est non polluant, mais il permet en outre de garder la forme.

Quelle a été votre première émotion en lien avec le vélo ?
Ce n'est pas ma première émotion, mais j'ai ressenti une grande fierté quand ma fille aînée (Lizie) a donné ses premiers coups de pédale.

« En 1 seul mot », le Tour de France pour vous, c'est______?

INCONTOURNABLE

LES FAVORIS

Coureur belge
— Johan Museeuw.

Coureur étranger
— Jan Ullrich.

Course
— Le Grand Prix de Wallonie.

Maillot distinctif
— Le maillot « ocre » du leader du Tour Down Under.

Maillot d'équipe
— Le maillot Carrera Jeans de l'époque Claudio Chiappucci.

TOP 3

Les courses les plus difficiles à gérer en tant que directeur sportif ?

1. **Les courses qui se disputent sans oreillette.** Le briefing avant la course est alors encore plus important.
2. **Un contre-la-montre par équipes.** Beaucoup de préparatifs pour tout le monde et des coureurs plus nerveux que dans une course « normale ».
3. **Le championnat de Belgique.** C'est toujours une course spéciale avec certaines équipes qui ont 20 coureurs au départ et des coureurs qui sont seuls. Le scénario est souvent difficile à prédire.

Les meilleurs spécialistes du contre-la-montre ?

1. **Miguel Indurain**
2. **Tony Martin**
3. **Ferdinand Bracke**

MAI

01

Fête du travail

02

03

04

Anniversaire de Luis Herrera (1961) ; maillot à pois en 1985 et 1987

09

10

11

Anniversaire de Marcel Kittel (1988) ; 14 victoires d'étape

12

Anniversaire de Pierre Brambilla (1919) ; maillot à pois en 1947

17

18

19

Anniversaire de Jan Janssen (1940) ; maillot jaune en 1968, maillot vert en 1964, 1965 et 1967

20

Anniversaire de Christopher Froome (1985) ; maillot jaune en 2013, 2015, 2016 et 2017, maillot à pois en 2015

25

Anniversaire de Geraint Thomas (1986) ; maillot jaune en 2018

26

Anniversaire de Jean Graczyk (1933) ; maillot vert en 1958 et 1960

27

28

05

06

07

08

13

14

15

16

21

Anniversaire de Mark Cavendish (1985) ; maillot vert en 2011

22

Anniversaire de Raymond Martin (1949) ; maillot à pois en 1980

23

Première édition du Tour des Flandres (1913) ; victoire de Paul Deman

24

Anniversaire de Sean Kelly (1956) ; maillot vert en 1982, 1983, 1985 et 1989

29

Première édition de Liège-Bastogne-Liège (1892) ; victoire de Léon Houa

30

31

Samuel Grulois

Journaliste – 07.05.1978

Comment définiriez-vous le Tour de France ?

Le Tour de France, c'est ma Madeleine de Proust, il me renvoie encore et toujours à mon enfance, mon adolescence, entre nostalgie et parfois mélancolie. Cette Grande Boucle que je suivais à la télévision avec ma sœur et mon frère. Le Tour de France, c'est tout simplement l'événement qui a orienté ma vie d'adulte. Le souvenir est très précis : en 1988, j'ai eu ce qu'on peut appeler une révélation en voyant Pedro Delgado, alias « Perico », remporter le Tour. Je me suis dit : « Un jour, je suivrai cette course et je la commenterai pour la RTBF ! » Des paroles d'enfant un peu présomptueuses, du moins un peu audacieuses. Alors, imaginez ma fierté personnelle aujourd'hui. Il faut toujours croire en ses rêves ! Depuis lors, j'ai eu l'occasion de croiser Pedro Delgado et de lui expliquer mon histoire. Idem avec Miguel Indurain, qui a pris la relève de Delgado au sein de l'équipe Banesto et qui, par ses performances et son style, m'a définitivement convaincu de devenir journaliste sportif. Un métier que j'exerce avec passion. La même passion qui anime les coureurs, les spectateurs, les téléspectateurs et évidemment les auditeurs.

Quel est votre meilleur souvenir du Tour de France ?

Étonnamment, même si j'ai couvert treize Tours de France comme journaliste, j'ai vécu mon meilleur souvenir en 1995, quand j'étais encore le grand ado de 17 ans qui rêvait de suivre la Grande Boucle de l'intérieur. Avec ma sœur Anne, mon frère Mathieu, ma très chère maman et mon oncle Michel (qui a également grandement aiguisé chez moi la passion du cyclisme), nous avons suivi, sur le bord de la route, dans la côte de Pont-de-Bonne, près de Modave, le contre-la-montre Huy-Seraing. Le Belge Johan Bruyneel portait le maillot jaune et l'étape a été remportée par Miguel Indurain dont j'étais fan. Plus de six heures, sous le soleil, dans la foule, avec le pique-nique, la glacière… Nous avons applaudi et encouragé tous les coureurs sans exception. Quand Indurain est passé, un frisson a parcouru tout mon corps… Et puis, si je dois vous donner mon meilleur souvenir en tant que journaliste, histoire de boucler la boucle, c'est sans aucun doute ma rencontre avec Miguel Indurain, ainsi que celle avec Pedro Delgado. Depuis lors, j'ai pris du recul évidemment. Le fan que j'étais est devenu un journaliste le plus objectif et le plus critique possible, mais toujours aussi passionné.

À quoi ressemblait votre tout premier vélo ?

Mon tout premier vélo digne de ce nom, c'est le vélo que j'ai reçu lors de ma grande communion. Un vélo de course

(évidemment) mais avec porte-bagages (pour le cartable), phare à dynamo et pneus à section large. Il était blanc et bleu. Je l'avais customisé avec des autocollants Pinarello, la marque de vélos de l'équipe Banesto. J'en ai fait des kilomètres avec cette bécane. J'habitais au pied du Mont-Saint-Aubert, la colline qui surplombe Tournai, et je me mettais dans la peau de Miguel Indurain en imitant son style, bien assis sur la selle, les mains sur le haut du guidon. Je faisais la course aussi avec mon frère et ma sœur que je battais, sans aucun honneur puisque j'étais plus âgé avec un vélo mieux équipé. Ce sont de formidables souvenirs. Et ce vélo (qui fêtera ses 30 ans en 2020 !), je l'ai gardé dans mon garage. Je ne l'utilise plus, mais je n'arrive pas à m'en séparer...

LES FAVORIS

Coureur belge

— Tom Boonen. Avec toutes mes excuses pour Eddy Merckx, mais Boonen est un coureur de ma génération que j'ai eu la chance d'interviewer très souvent. Un gars charmant, poli, bien élevé, respectueux, humble, charismatique... La classe !

Coureur étranger

— Miguel Indurain. C'est un choix très affectif, je le reconnais, puisque j'étais fan, mais il reste un des quatre quintuples vainqueurs du Tour de France, vainqueur aussi du Tour d'Italie, du Dauphiné, de Paris-Nice, champion du monde et olympique du contre-la-montre, recordman de l'heure... Un incroyable palmarès. Et, comme Boonen, c'est un type d'une vraie gentillesse, avec un peu moins de charisme, c'est vrai.

Course

— Paris-Roubaix, sans aucune hésitation. Une course unique.

Maillot distinctif

— Le maillot jaune. Le jaune est d'ailleurs devenu ma couleur préférée.

Maillot d'équipe

— Désolé de faire dans le monothématique, mais j'aimais beaucoup le maillot Banesto : une base de blanc avec du rouge, du bleu et un peu de jaune. Si quelqu'un en a un d'époque, taille M, je suis preneur !

TOP 3

Les plus grandes équipes du Tour de France ?

1. **Molteni :** qui dit Molteni, dit Merckx ! C'est avec ce maillot-là qu'il a gagné les Tours de France 1971, 1972 et 1974. C'est vraiment un maillot mythique, maillot en laine couleur marron clair. L'entreprise de charcuterie italienne était mondialement connue grâce à Eddy, qui en était naturellement la star. Mais Molteni avait aussi le don d'engager les meilleurs équipiers pour encadrer son leader : Van Springel, Bruyère, Huysmans, Spruyt, Swerts, Van Den Bossche, Delcroix, des gars qui avaient eux-mêmes un gros talent et un gros moteur. La cohabitation n'a pas toujours été évidente, ça a parfois fait des étincelles, mais le palmarès de Molteni dans les années 1970 est exceptionnel.

2. **Banesto :** c'était l'équipe de Pedro Delgado vieillissant et de Miguel Indurain naissant. C'était l'équipe de mes deux idoles de jeunesse. Une équipe qui contrôlait la course comme elle le voulait, ce qui pouvait rendre le scénario des étapes parfois ennuyeux (un peu comme US Postal à l'époque d'Armstrong ou Sky ces dernières années) mais, en tant que supporter, je trouvais la tactique plutôt efficace. Si je devais un jour acheter un maillot vintage, ce serait celui-là !

3. **Équipes nationales :** je vous parle d'un temps que les moins de 50 ans ne peuvent pas connaître puisqu'on a disputé le dernier Tour de France par équipes nationales en 1968. En cyclisme, excepté lors des championnats du monde et lors des Jeux olympiques, les coureurs ne défendent jamais les couleurs de leur pays, mais bien les intérêts (financiers) de leurs sponsors. Je ne dis pas qu'il faut revenir à ce cyclisme-là, mais avouez que ce serait sympa de voir l'équipe de France de Bardet et Pinot face à l'Italie de Nibali, Aru et Moscon, face à la Grande-Bretagne de Froome, Thomas et des frères Yates, ou encore face à la Slovénie de Roglic et Pogacar. La Colombie pourrait aligner de concert Quintana, Bernal, Lopez, Uran, Henao, Betancur avec les sprinters Gaviria et Hodeg ! Ça manquerait d'équipiers, mais ce serait étonnant à vivre et à suivre.

Comment décririez-vous Eddy Merckx ?
Eddy Merckx n'est pas fan de son surnom, le « Cannibale », mais, cinquante ans après son premier succès sur le Tour de France, c'est quasi devenu une marque déposée ! Quand on gagne tout ou presque et qu'on ne laisse que des miettes à la concurrence, on s'« expose » à ce genre de référence. D'ailleurs, Merckx avait reçu un autre surnom : l'Ogre de Tervuren. On reste dans la même thématique !

Quelle est la relation que vous entretenez avec le vélo ?
Le vélo, c'est beau. Et je ne le dis pas seulement parce que ça rime ! C'est une belle invention qui permet de faire du sport, mais aussi de belles balades et découvertes en famille. Le vélo, quand il est étudié pour la performance, c'est souvent un bel engin (j'ai toujours été admiratif du célèbre vélo de chrono Espada de Miguel Indurain). Et puis, le vélo nous permet de vivre de belles émotions pendant la saison des courses cyclistes.

Quelle a été votre première émotion en lien avec le vélo ?
J'avoue ne plus trop me souvenir de mes premières émotions sur tricycle, mais je me rappelle de ma fierté le jour où j'ai enfin pu rouler sur deux roues et non plus sur quatre !

Pourquoi avoir choisir « excitant » pour décrire le cyclisme ?
Le sport cycliste, même s'il a ses détracteurs, est vraiment excitant, passionnant, tactiquement intéressant, du moins quand on prend la peine de comprendre ses règles et ses codes. Je prêche pour ma paroisse évidemment, mais je trouve qu'une course cycliste, du moins ses 20 ou 30 derniers kilomètres, est bien plus excitante à suivre et, en ce qui me concerne, à commenter, qu'un match de football. Commenter un sprint massif, ça décoiffe ! Commenter la victoire de Philippe Gilbert sur le vélodrome de Roubaix, ça donne la chair de poule !

« En 1 seul mot », le cyclisme pour vous, c'est_____?

EXCITANT

Thomas Degand

Coureur cycliste (Wanty-Gobert) – 13.05.1986

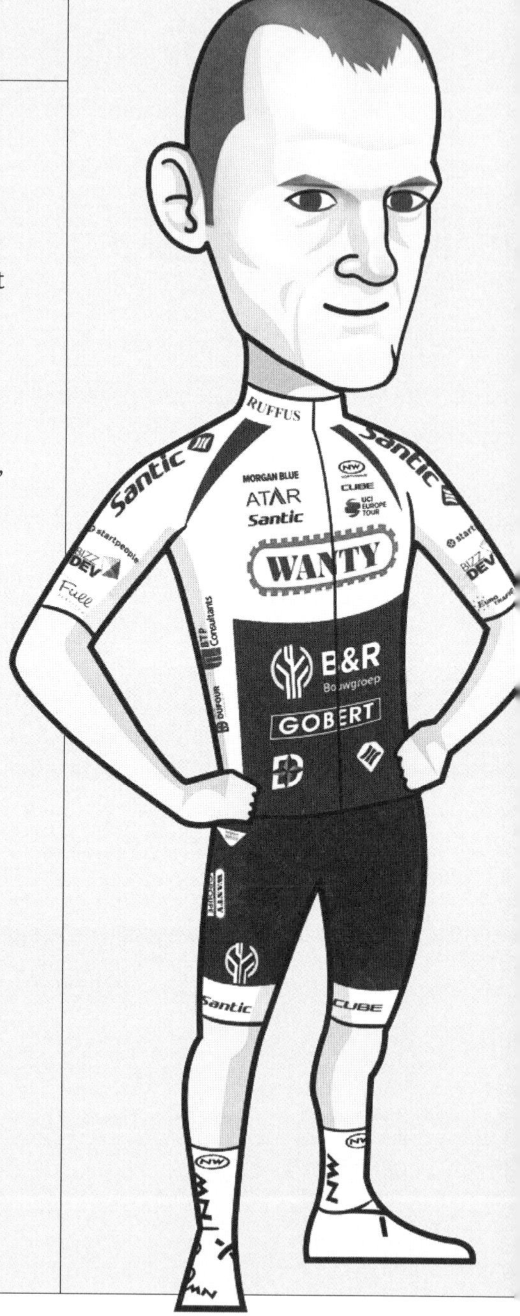

À quoi ressemblait votre tout premier vélo ?
C'était un VTT. La première chose que je faisais en rentrant de l'école était de déposer mon cartable et d'enfourcher mon VTT.

Comment définiriez-vous le Tour de France ?
C'est la plus grande course du monde.
Tout y est démultiplié, l'engouement du public, des médias, mais aussi la pression qui pèse sur les équipes.

Quel est votre meilleur souvenir du Tour de France ?
Certainement ma première entrée sur les Champs Élysées et le passage de la ligne d'arrivée pour boucler mon premier Tour en 2017.

Que représente Eddy Merckx à vos yeux ?
Le plus grand champion que le cyclisme ait connu.

Quelle a été votre première émotion en lien avec le vélo ?
Je me rappelle les images d'Armstrong qui traverse un champ en courant et qui saute un fossé dans une descente du Tour de France. J'ai apprécié ce sport dès mon plus jeune âge, en regardant les grands champions derrière ma télévision.

LES FAVORIS

Coureur belge

— Le plus grand, c'est bien sûr Merckx. Dans un passé plus récent, mon favori était Tom Boonen.

Coureur étranger

— En dehors de tout ce qui s'est passé, je dirais Lance Armstrong car c'est vraiment lui qui m'a donné l'envie de faire du vélo.

Course

— Le Dauphiné.

Maillot distinctif

— Le maillot de leader, bien sûr !

Maillot d'équipe

— Movistar.

TOP 3

Les plus beaux maillots que vous ayez portés ?

1. IAM en 2015
2. Wanty 2017
3. Wanty 2019

Les plus grands vainqueurs du Tour de France ?

1. Eddy Merckx
2. Lance Armstrong
3. Alberto Contador

« En 1 seul mot », le vélo pour vous, c'est_____?

MA PASSION

Thierry Gouvenou

Directeur technique du Tour de France – 14.05.1969

Expliquez pourquoi avoir choisi ce mot pour définir le Tour de France ?
Dans le monde du sport, on ne voit pas beaucoup d'événements de ce type-là et, au niveau du cyclisme, je crois qu'il est vraiment unique tellement il est incomparable.

À quoi ressemblait votre tout premier vélo ?
Il était orange, mais je me souviens surtout de ma première sortie hors de Paris. Je devais avoir 3 ou 4 ans et je me suis retrouvé sur la route sans les stabilisateurs, puis mon père m'a lâché dans une descente...

Que représente Eddy Merckx à vos yeux ?
La victoire, tout simplement. Il semblerait qu'il ait gagné une course sur trois. C'est complètement incroyable !

Comment définiriez-vous le vélo ?
Le vélo, c'est toute ma vie. Tout a tourné autour du vélo dès ma plus tendre enfance. À 4 ans, c'était déjà mon jouet favori. Puis, j'ai couru assez rapidement. Aujourd'hui, après avoir été professionnel, je suis organisateur, donc on peut dire que ça représente toute ma vie.

Quelle a été votre première émotion en lien avec le vélo ?
Je me rappelle surtout de l'émotion ressentie quand j'ai assisté au Tour de France pour la première fois. J'étais avec mon père et, juste devant nous, un coureur avait crevé. L'image que j'en garde, c'est le côté furtif. On avait attendu pas mal de temps, les coureurs sont passés et puis plus rien...

Un mot pour décrire le cyclisme ?
Le cyclisme pour moi, c'est l'évasion. Aller sur des routes, les découvrir, observer des bagarres entre champions, etc.

LES FAVORIS

Maillot distinctif

— Le maillot de champion du monde, il a une valeur très forte.

TOP 3

Les plus belles arrivées d'étape auxquelles vous avez participé en tant que coureur, spectateur ou organisateur ?

1. Nous, les Français, je pense qu'on a tous été bercés par la montée du **Puy-de-Dôme** et la bagarre qu'Anquetil et Poulidor s'y sont livrés.
2. Ensuite, je dirais **l'arrivée à Utah Beach** en 2016, lors du premier Tour que j'ai tracé.
3. Enfin, toutes les arrivées aux sommets des grands cols comme **le Tourmalet** ou **le Galibier**.

Les lieux les plus insolites du Tour de France ?

1. **Le passage du Gois**
2. **Le plateau des Glières**
3. **Le pont du Gard,** qu'on va tester pour la première fois en 2019.

« En 1 seul mot », le Tour de France pour vous, c'est_____?

UNIQUE

Samuel Laloux

Graphiste – 14.05.1971

Pourquoi choisir ce mot pour décrire le Tour de France ?
Le Tour de France est un récit forgé sur une période de 23 jours. Les coureurs, tels les dieux grecs, se disputent une toison d'or. Les journalistes, tel Homère, dépeignent les luttes et les intrigues entre les coureurs.

À quoi ressemblait votre tout premier vélo ?
Il était blanc avec de la guidoline orange. Mon grand-père paternel me l'avait monté et repeint.

Quel est votre meilleur souvenir du Tour de France ?
Le duel LeMond-Fignon.

Quel mot choisiriez-vous pour décrire Eddy Merckx ?
Perfection. Eddy Merckx, c'était le coureur parfait, tant la tête que les jambes.

Que représente le vélo à vos yeux ?
Le mariage parfait entre l'homme et la machine. Ils ne sont plus deux, mais ne font qu'un. Le cyclisme peut nous réserver les meilleures émotions, les coups d'éclat comme les défaillances, les chutes et les révélations... Voilà pourquoi le cyclisme est un sport si populaire.

Quelle a été votre première émotion en lien avec le vélo ?
Rouler sans stabilisateurs.

LES FAVORIS

Course

— Paris-Roubaix, la plus dantesque.

Maillot distinctif

— Le maillot de l'équipe nationale dans les années 1970, il vous porte vers l'arc-en-ciel. La preuve : 26 Belges ont été champions du monde sur 85 championnats.

Maillot d'équipe

— Le maillot C&A ; il marque la fin du Cannibale et signe le début d'une nouvelle ère pour le cyclisme.

« En 1 seul mot », le Tour de France pour vous, c'est______?

MYTHOLOGIE

TOP 3

Les plus belles courses ?

1. **Paris-Roubaix :** l'Enfer du Nord, « la dure des dures », une course qui refuse le cyclisme moderne.
2. **Liège-Bastogne-Liège :** c'est la doyenne et, en plus, c'est une course wallonne.
3. **L'Eroica di Gaiole in Chianti (randonnée),** une course qui nous replonge dans la glorieuse incertitude du sport. Sans GPS, sans oreillette… La Mecque du vélo vintage.

Les coureurs ayant montré le plus de panache sur les routes du Tour de France ?

1. **Eddy Merckx :** même en jaune, il attaque.
2. **Eugène Christophe :** le « Vieux Gaulois ». En 1913, il casse sa fourche dans la descente du col du Tourmalet et la répare seul dans une forge de Sainte-Marie-de-Campan, comme l'exigeait le règlement du Tour à l'époque.
3. **Fausto Coppi :** à chaque fois qu'il s'est échappé, il n'a jamais été rattrapé.

Pol Loncin

Journaliste — 16.05.1995

À quoi ressemblait votre tout premier vélo ?
Je me souviens d'un vélo au cadre bleu avec selle en cuir un peu vieilli et un guidon avec des cornes, qui me donnait l'impression d'être un vrai champion.

Comment décririez-vous le Tour de France ?
À mes yeux, la Grande Boucle est un événement qui vend du rêve avec ses paysages, ses lieux de légende, ses champions actuels et d'antan, son enjeu sportif, les exploits de ses forçats du bitume, sa caravane, son village départ, son speaker sur la ligne d'arrivée, ses spectateurs un peu fous et, parfois, son suspense et ses revirements de situation.

Quel est votre meilleur souvenir du Tour de France ?
Sans conteste, cela reste le Tour 2011, que j'ai pu vivre de l'intérieur en tant que jeune reporter. Il reste, à mes yeux, le dernier Tour de France passionnant, avec un vainqueur, Cadel Evans, qui a arraché son maillot jaune à Andy Schleck lors du contre-la-montre final à Grenoble. En tant qu'Aqualien, je retiens aussi l'étape inaugurale remportée par Philippe Gilbert au mont des Alouettes.

Que représente le vélo à vos yeux ?
Il s'agit peut-être bien du sport le plus douloureux, mais c'est aussi cela qui fait la beauté du vélo, ces corps meurtris qui continuent de pédaler ou ces coureurs étendus à l'arrivée, après avoir tout donné. C'est aussi un sport dangereux. Une chute peut briser une saison, une carrière, mais aussi une vie.

Quelle a été votre première émotion en lien avec le vélo ?
En 2004, alors que j'avais à peine 9 ans, j'ai vu passer pour la première fois une course cycliste sous mes yeux (Liège-Bastogne-Liège). Quelques semaines plus tard, j'ai également vu pour la première fois le maillot jaune lors du Grand Départ du Tour à Liège. La Grande Boucle passait dans mon village et c'était le futur grand champion suisse, Fabian Cancellara, qui portait la tunique dorée.

Vous décririez-vous comme un passionné de vélo et, si oui, pourquoi ?
Habitant dans un village où passe chaque année Liège-Bastogne-Liège, le cyclisme devient presque inévitablement une passion, quand on aime le sport. Petit, j'écumais les lieux de départ et d'arrivée des courses à la chasse aux autographes. Sans cette passion pour le cyclisme, je n'aurais peut-être pas découvert le métier de journaliste, qui est aujourd'hui devenu le mien. C'est une passion qui m'a beaucoup apporté.

TOP 3

Les plus belles Classiques de printemps ?

1 **Paris-Roubaix :** c'est une course hors du temps, avec un mythe et des images de guerriers recouverts de boue ou de poussière, qui sera sans doute lavée à l'arrivée dans ces fameuses douches. C'est aussi la course la plus passionnante et qui se déclenche le plus tôt. Preuve d'un cyclisme d'un temps révolu, l'Enfer du Nord est pratiquement la seule Classique qui peut encore être remportée par un membre de l'échappée matinale.

2 **Tour des Flandres :** c'est la véritable messe du vélo. Une course où il se passe toujours quelque chose et où la tension est maximale. Et où la course peut être passionnante, nous avons pu le voir en 2019.

3 **Grand Prix E3 :** c'est peut-être moins prestigieux, mais cela se révèle souvent passionnant et toujours avec un plateau exceptionnel. C'est plus qu'une répétition générale du Tour des Flandres.

Les plus grands vainqueurs du Tour de France ?

1 **Eddy Merckx**

2 **Bernard Hinault**

3 **Chris Froome**

LES FAVORIS

Coureur belge
— Philippe Gilbert.

Coureur étranger
— Andy Schleck.

Course
— Liège-Bastogne-Liège.

Maillot distinctif
— Le maillot de champion de Belgique.

Maillot d'équipe
— L'ancien maillot Telekom (malgré tous les déboires de l'équipe et de ses sulfureux coureurs).

« En 1 seul mot », Eddy Merckx pour vous, c'est______?

UNE LÉGENDE VIVANTE

Jérôme Helguers

Journaliste – 20.05.1983

Quel est votre meilleur souvenir du Tour de France ?
Mon meilleur souvenir date de 2015, l'année où j'ai couvert le Tour de France pour la première fois. J'étais chargé des interviews au départ et à l'arrivée. Première mission : interroger les coureurs qui arrivent au compte-gouttes. Quand Quintana passe la ligne, un essaim de journalistes et caméramen se jette sur lui. Résultat ? Un mouvement de foule étouffant, une sorte de « pogo ». C'est ça, l'aspect gigantesque et démesuré du Tour. 2015, c'est aussi la victoire de Greg Van Avermaet devant Peter Sagan au sommet de la bosse à Revel. Quelle fierté de voir un de nos coureurs s'imposer sur une telle course !

À quoi ressemblait votre tout premier vélo ?
C'était un BMX bleu et jaune… Mon premier vélo de course, je l'ai reçu le jour de mes 18 ans. Il était jaune, avec des cale-pieds particulièrement rigides. Lors de ma première sortie, j'ai chuté après à peine 1 km. Impossible de déchausser pour m'arrêter à un carrefour.

Que représente Eddy Merckx à vos yeux ?
Une légende. Merckx, il faut le voir pour le croire… Que vous alliez n'importe où, dans n'importe quel pays, Eddy Merckx fait l'unanimité.

Quelle est votre relation au vélo ?
Quand on parle de vélo, j'ai un côté fanatique. J'ai commencé par les petits coureurs en plastique de mes oncles chez ma grand-mère. J'organisais des courses avec les bonshommes et deux dés. Ensuite, j'ai demandé à mes chefs scouts de m'écrire tous les jours dans mon carnet les dix premiers de l'étape et du général du Tour de France.

Quelle a été votre première émotion en lien avec le vélo ?
Le championnat du monde 1996 remporté par Johan Museeuw à Lugano.

LES FAVORIS

Coureur belge

— Serge Pauwels.

Coureur étranger

— Jan Ullrich et Andy Schleck.

Course

— Le Tour d'Italie.

Maillot d'équipe

— Le maillot blanc.

Maillot d'équipe

— Education First et son maillot rose et bleu-mauve. Dans le passé (récent), j'étais fan des maillots Leopard-Trek et Cervélo.

TOP 3

Les plus belles expressions du monde du vélo ?

1. **Panache,** parce que ça résume tellement le sport cycliste. Le panache, c'est un coureur qui montre du courage, un coureur offensif, entreprenant. Tout ce qu'on aime ! Et côté belge, avec des coureurs comme Gilbert et Wellens, on est arrosé de panache !
2. **Chasse-patate :** parce que cette expression est universelle. Entendre un commentateur ou un coureur flamand dire « chasse-patate » est juste savoureux.
3. **« Kapot » :** à force de fréquenter les coureurs flamands, on apprend leur jargon. J'aime ce mot que l'on pourrait traduire en français par « complètement cuit ».

Les plus beaux cols du Tour de France ?

1. **Mont Ventoux :** pour y avoir vécu une scène complètement folle sur le Tour de France 2016.
2. **L'Alpe d'Huez :** parce que sa montée en voiture est quelque chose d'unique.
3. **Les lacets de Montvernier :** plus pour la beauté esthétique que pour la difficulté.

« En 1 seul mot », le Tour de France pour vous, c'est______?

MA PASSION

Jean-Luc Vandenbroucke

Ancien coureur cycliste, consultant – 31.05.1955

À quoi ressemblait votre tout premier vélo ?
Je suppose que, comme beaucoup d'autres enfants, mon premier vélo était un tricycle.

Quel est votre meilleur souvenir du Tour de France ?
Le port du maillot à pois pendant dix jours lors du Tour 1980.

Que représente Eddy Merckx à vos yeux ?
Un phénomène. Après son premier sacre au Tour, lors d'un critérium d'après-Tour, je courais derrière lui pour obtenir un autographe. J'avais 14 ans. En 1976, je courais derrière lui dans le Poggio pour le rattraper. Je l'ai rejoint avant de terminer deuxième dans le sillage du plus grand champion de tous les temps.

Comment décririez-vous le vélo ?
Le vélo, c'est ma passion. J'ai été vacciné avec un rayon de vélo… En plus, ce qui était un hobby est devenu mon métier…

Quelle a été votre première émotion en lien avec le vélo ?
Ma première chute.

LES FAVORIS

Coureur belge
— Eddy Merckx.

Coureur étranger
— Sean Kelly.

Course
— Paris-Roubaix.

Maillot distinctif
— Le maillot jaune.

Maillot d'équipe
— Le maillot Peugeot.

TOP 3

Les courses les plus difficiles à gérer en tant que directeur sportif ?

1. **Le Tour de France,** pour la médiatisation et la pression que cette course génère.
2. **Paris-Roubaix,** la plus belle, mais aussi la plus redoutée, tant par les coureurs que par les suiveurs...
3. **Les kermesses :** elles sont parfois monotones...

Les coureurs les plus élégants de tous les temps ?

1. **Dietrich Thurau**
2. **Frank Vandenbroucke**
3. **Jean-Luc Vandenbroucke :** j'ai été élu coureur le plus élégant du Tour 1980 grâce aux chaussettes blanches que mon directeur sportif m'imposait au départ de chaque étape.

« En 1 seul mot », le Tour de France pour vous, c'est_____?

LE BARNUM

JUIN

01

Anniversaire de Michael Rasmussen (1974) ; maillot à pois en 2005 et 2006

02

03

04

Anniversaire d'Anthony Charteau (1979) ; maillot à pois en 2010

09

Anniversaire de Luis Ocaña (1945) ; maillot jaune en 1973

10

Anniversaire de Jean Robic (1921) ; maillot jaune en 1947

Anniversaire d'Andy Schleck (1985) ; maillot jaune en 2010, maillot blanc de 2008 à 2010

11

Anniversaire de Julian Alaphilippe (1992) ; maillot à pois en 2018

12

Anniversaire de Raphaël Géminiani (1925) ; maillot à pois en 1951

17

Anniversaire d'Eddy Merckx (1945) ; maillot jaune de 1969 à 1972 et en 1974, maillot vert en 1969, 1971 et 1972, maillot à pois en 1970 et 1971

18

19

20

25

26

Anniversaire de Greg LeMond (1961) ; maillot jaune en 1986, 1989 et 1990, maillot blanc en 1984

27

Anniversaire de Patrick Sercu (1944) ; maillot vert en 1974

28

05

Anniversaire de René Pottier (1879) ; vainqueur du Tour en 1906

06

07

08

Anniversaire de Georges Speicher (1907) ; maillot jaune en 1933

13

14

15

Anniversaire de Rudy Pevenage (1954) ; maillot vert en 1980

16

21

Été

22

Anniversaire de Thomas Voeckler (1979) ; maillot à pois en 2012

23

24

Anniversaire de Robbie McEwen (1972) ; maillot vert en 2002, 2004 et 2006

29

Premier maillot jaune d'Eddy Merckx (1969)

Anniversaire de Louis Trousselier (1881) ; vainqueur du Tour en 1905

30

Guillaume Martin

Coureur cycliste (Wanty-Gobert) – 09.06.1993

Pourquoi choisir l'adjectif « fou » pour décrire le Tour de France ?
Parce que l'on ressent une véritable effervescence tout au long des trois semaines, parce que nous n'avons pas une minute de tranquillité, parce que c'est l'épreuve physiquement la plus difficile, mais aussi mentalement.

Quel est votre meilleur souvenir du Tour de France ?
Je dirais ma troisième place sur l'étape des Rousses en 2017, la première étape de montagne du Tour que je disputais.

À quoi ressemblait votre tout premier vélo ?
Mon premier vélo sur route, que j'ai eu vers 12 ans, était un Gitane jaune. Il devait peser 13-14 kg !

Que représente Eddy Merckx à vos yeux ?
L'histoire. Quand on est cycliste aujourd'hui, on peut ne pas connaître l'histoire du vélo, on peut se désintéresser de toute cette tradition, mais on ne peut pas ignorer Eddy Merckx, légende du cyclisme dont les exploits traversent les temps.

Comment décririez-vous le vélo ? Et le cyclisme ?
D'une part, cela représente la compétition et c'est ça que j'aime dans le vélo, l'envie de battre l'adversaire…
Mais je choisirais aussi le mot passion, parce que j'aime profondément mon métier et que c'est toujours un plaisir d'enfiler un dossard et d'aller courir.

Quelle a été votre première émotion en lien avec le vélo ?
Justement, quand j'étais petit, j'étais déjà animé par un fort instinct de compétition. N'ayant personne à qui me confronter, je m'imaginais des courses sur mon petit vélo dans la cour devant chez moi. Je mesurais mes temps. J'essayais de me dépasser.

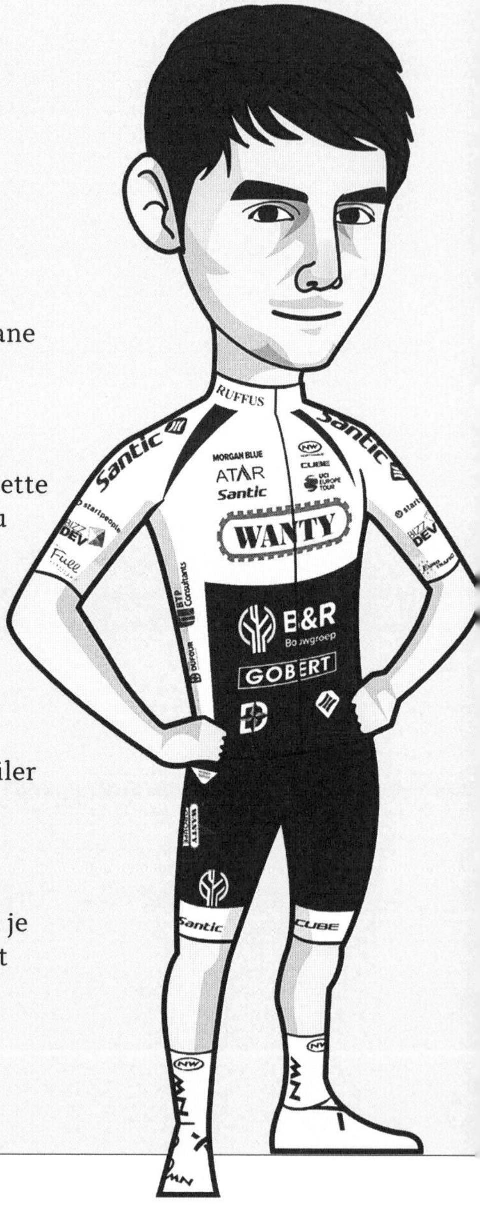

TOP 3

Les plus beaux maillots que vous ayez portés ?

1. **Étoile Cycliste Condé-sur-Noireau,** le petit club normand où j'ai commencé le vélo.

2. **Club Cycliste Étupes,** mon dernier club amateur, celui qui m'a fait passer pro.

3. **Wanty-Gobert,** parce que c'est l'équipe qui m'a donné ma chance dans le circuit professionnel.

Les plus beaux cols du Tour de France ?

1. **L'Alpe d'Huez,** pour la folie populaire.

2. **Le Tourmalet,** mythique.

3. **Le Mont du Chat,** méconnu mais l'un des plus durs de France.

« En 1 seul mot », le Tour de France pour vous, c'est_____?

FOU

LES FAVORIS

Coureur belge

— Mon père me racontait toujours les histoires de Van Springel quand j'étais petit alors, en hommage, je dirais Van Springel.

Coureur étranger

— On va dire que je suis belge et que les coureurs français sont donc étrangers pour moi ! Restons dans la même veine : Anquetil.

Course

— Le Dauphiné.

Maillot distinctif

— Le maillot jaune.

Maillot d'équipe

— Wanty-Gobert évidemment !

Rudy Hermans

Journaliste – 12.06.1972

À quoi ressemblait votre tout premier vélo ?
Ce n'était pas le premier, mais je me souviens d'un vélo customisé par mon père pour rivaliser avec l'arrivée des BMX.

Que représente pour vous le Tour de France ?
Une épopée. 3 500 bornes avalées en trois semaines à 40 km/h de moyenne, c'est monstrueux. Et c'était pire avant : le Tour 1919, remporté par le Namurois Lambot, c'était 5 500 km en quinze jours…

Quel est votre meilleur souvenir du Tour de France ?
La victoire de LeMond en 1989, devant Fignon, pour 8 s. J'avoue, c'est cruel…

Quel mot choisiriez-vous pour décrire Eddy Merckx ?
Simplicité. Cette icône mondiale, qui est la référence ultime dans son sport, est toujours accessible.

Comment décririez-vous le cyclisme ?
Le cyclisme, c'est ma passion. J'adore le mélange de modernité et de tradition qu'offre ce sport et j'admire le courage des coureurs.

Quelle a été votre première émotion en lien avec le vélo ?
Une cascade imprévue au-dessus du guidon, heureusement sans gravité.

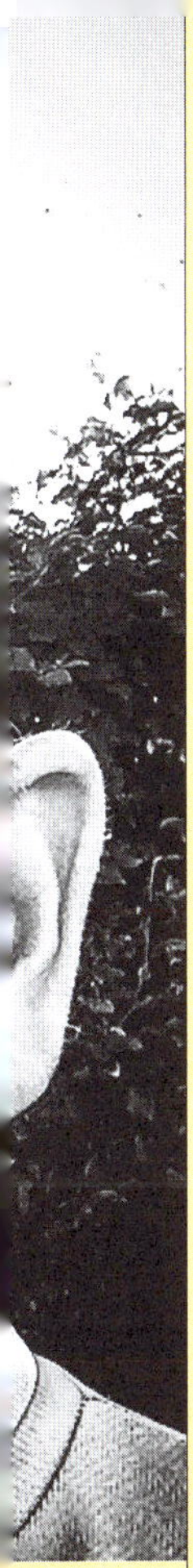

Les favoris

Coureur belge

— Ceux dont j'ai vécu les exploits, comme Tom Boonen, un boyau devant Museeuw et Gilbert.

Coureur étranger

— Gino Bartali. En dissimulant de faux documents dans son cadre pendant la guerre, il a permis de sauver des juifs. « Juste parmi les nations » à titre posthume. J'ai un profond respect pour l'homme.

Course

— Paris-Roubaix, en surclassement.

Maillot distinctif

— Au Tour, le jaune. Sinon celui de l'équipe belge, un coup de pédale devant le maillot irisé.

Maillot d'équipe

— Le Mapei, très laid, mais il m'a procuré tellement d'émotions. C'est aussi le premier que j'ai acheté. Plus récemment, j'ai adoré le premier maillot de l'équipe lancée par Wiggins en 2015.

TOP 3

Les plus belles courses ?

1. **Paris-Roubaix,** parce que c'est la guerre, mais aussi une épreuve historique.
2. **Le Tour des Flandres.** Un *flahute*, c'est mon idéal cycliste et, au *Ronde*, chaque *berg* et chaque *kassei* transpirent la passion.
3. **Les Strade Bianche,** déjà incontournables. Quel parcours, quel décor !

Les coureurs ayant montré le plus de panache sur les routes du Tour de France ?

1. **Eddy Merckx.** Indépassable. Le jaune, le vert et les pois en 1969, pour son premier Tour ! Il aurait même eu le blanc s'il avait existé...
2. **Marco Pantani.** Certes rattrapé par le dopage, mais fantastique grimpeur, à l'ancienne.
3. **Adam Hansen.** Discrètement, il a aligné vingt grands Tours d'affilée ! Dingue.

« En 1 seul mot », le vélo pour vous, c'est_____?

LA LIBERTÉ

Cyril Saugrain

Ancien coureur cycliste, consultant – 22.06.1973

À quoi ressemblait votre tout premier vélo ?
C'était un petit vélo de course sans freins et couleur crème.

Quelle a été votre première émotion en lien avec le vélo ?
La victoire de Bernard Hinault au championnat du monde 1980 à Sallanches.

Comment décririez-vous le Tour de France ?
C'est tout simplement grandiose. Le Tour est la plus grande course du monde et quand vous y posez vos roues pour la première fois, c'est le gigantisme qui vous saute aux yeux ! Tout ce que vous faites sur le Tour est démultiplié et a une résonance mondiale.

Quel est votre meilleur souvenir du Tour de France ?
Ma victoire d'étape, bien évidemment ! C'était au Tour de France 1996, lors de la quatrième étape qui reliait Soissons au Lac de Madine (232 km). Nous étions le 3 juillet.

Que représente Merckx à vos yeux ?
Eddy Merckx, c'est un coureur unique. Il a acquis un palmarès que l'on ne reverra, à mon avis, plus !

Si vous deviez décrire le vélo en un seul mot, lequel choisiriez-vous ?
Passion. Je pense que j'ai hérité cela de mon père qui aimait le vélo, mais n'était pas compétiteur… J'ai toujours suivi les courses avec lui et quand je me suis mis à faire du vélo, je pense qu'il a certainement pris ça comme un cadeau que je lui faisais… J'ai été piqué par le virus dès ma première course et c'est devenu une passion.

LES FAVORIS

Coureur belge

— Greg Van Avermaet.

Coureur étranger

— Bernard Hinault.

Course

— Liège-Bastogne-Liège.

Maillot distinctif

— Le jaune et/ou celui du combiné.

Maillot d'équipe

— Renault-Gitane, il a bercé toute mon enfance.

TOP 3

Les plus grands champions de France de tous les temps ?

1. **Bernard Hinault :** il a tout gagné et avec un caractère bien trempé… J'adore !
2. **Laurent Fignon :** il aurait tant mérité ce Tour perdu face à LeMond.
3. **Laurent Jalabert :** j'ai couru avec lui et il m'a toujours impressionné par sa force, sa gentillesse… On se côtoie toujours en tant que consultant. C'est vraiment un mec bien.

Les coureurs ayant montré le plus de panache sur les routes du Tour de France ?

1 2 **Merckx et Hinault** car ils écrasaient leurs adversaires en chrono, mais ne se privaient pas de prendre des risques pour les assommer en montagne.

3 **Contador** car il attaquait dès qu'il y avait une brèche ou un souffle de vie.

« En 1 seul mot », le cyclisme pour vous, c'est_____?

LA COMPÉTITION

Jean-Pierre Coppenolle

Commissaire de course – 26.06.1952

À quoi ressemblait votre tout premier vélo ?
Le vélo que j'utilisais pour aller à l'école : il était jaune !

Comment décririez-vous le Tour de France ?
Le Tour de France contient une part d'incertitude. Rien n'est écrit à l'avance et tout est possible : la défaillance, la chute, l'accident, le jour « super » d'un coureur...

Quel est votre meilleur souvenir du Tour de France ?
Une photo : Miguel Indurain posant amicalement, en maillot jaune, au milieu du collège des commissaires que j'avais eu l'honneur de diriger sur le Tour 1993.

Que représente Eddy Merckx à vos yeux ?
Eddy Merckx, c'est le *campionissimo*, le plus grand. Il s'est toujours distingué par son immense talent, son courage, mais surtout son opiniâtreté à vouloir tout gagner.

Quel mot choisiriez-vous pour décrire le vélo ?
Le vélo, c'est magique ! Quel autre sport peut-il engendrer l'engouement d'une si grande foule de passionnés, de supporters, d'admirateurs qui ne sont pas toujours des « connaisseurs » le long des routes ? Tous le monde voudrait un jour devenir Merckx !

Quelle a été votre première émotion en lien avec le vélo ?
Une photo encore : moi posant à côté de Seamus Elliott, coureur irlandais, lors de sa victoire d'étape sur le vélodrome de Roubaix lors du Tour 1963 ! J'avais 11 ans...

LES FAVORIS

Coureur belge
— Eddy Merckx.

Coureur étranger
— Sean Kelly.

Course
— Paris-Roubaix !

Maillot distinctif
— Le maillot de champion du monde.

Maillot d'équipe
— Le maillot, jaune, de l'équipe Mann.

TOP 3

Les plus belles Classiques ?

1. Hors catégorie : **Paris-Roubaix,** le plus grand spectacle cycliste (drame, joie, larmes, passion…). Tout est réuni sur ces six heures de compétition.
2. **Milan-San Remo :** la plus incertaine de toutes, le suspense jusque sur la ligne d'arrivée.
3. **Liège-Bastogne-Liège :** la tactique, le calcul des efforts à fournir aux bons moments, une épreuve durant laquelle il faut autant réfléchir que pédaler…

Les plus grands vainqueurs du Tour de France ?

1. **Eddy Merckx :** le plus grand, « over the top ».
2. **Bernard Hinault :** sa hargne, sa rage d'être le meilleur.
3. **Miguel Indurain :** sa science de la course.

« En 1 seul mot », le cyclisme pour vous, c'est______?

DE L'ÉMOTION

Nom

Prénom

Date de naissance

Collez
ici
votre photo

À quoi ressemblait votre tout premier vélo ?

Quel est votre meilleur souvenir du Tour de France ?

« En 1 seul mot », le cyclisme pour vous, c'est_____ ?

TOP 3

Les plus grands vainqueurs du Tour de France ?

1

2

3

Les plus belles Classiques de printemps ?

1

2

3

Les lieux les plus insolites du Tour de France ?

1

2

3

LES FAVORIS

Coureur belge

—

Coureur étranger

—

Course

—

Maillot distinctif

—

Maillot d'équipe

—

MERCI

Ce livre est pour Jess, Salomé et Arthur.
Merci de supporter le supporter !
Merci d'être à mes côtés. Toujours.

Merci à mon papa, Michel, pour la « transmission »
de la passion du vélo.

Merci à ma maman, Trinidad, pour la « permission »
de la passion du vélo.

Merci à mes grands-parents, Trini et Albert,
pour la « retransmission », via la radio et la télévision,
de la passion du vélo.

Merci à mes beaux-parents, Annie et Daniel, pour
l'« acceptation » de la passion du vélo.

Merci à Déborah Horlait, Pol Loncin et Julien Brogniet
pour toutes nos quotidiennes *Complètement Tour*
pendant les étés 2017, 2018 et 2019.

Un immense merci à Samuel Grulois pour les interviews
de Christian Prudhomme, Thierry Gouvenou,
Maxime Monfort et Philippe Gilbert.

Achevé d'imprimer en mai 2019